庫

市民政府論

ロック

角田安正訳

kobunsha classics

光文社

Title : Two Treatises of Government
1690
Author : John Locke

凡例

（一）本書の底本は、*Two Treatises of Government*, edited with an introduction and notes by Peter Laslett (Student Edition), Cambridge University Press, 2008 (1988) の第二篇 (*An Essay concerning the True Original, Extent, and End of Civil Government*) である。

（二）括弧の用い方

（　）…（イ）原著の丸括弧は、訳文においてもなるべく生かすようにした。しかし、訳者の判断で括弧をはずした箇所も少なくない。（ロ）原文において丸括弧が使われていないにもかかわらず訳出の都合上、便宜的に用いた丸括弧がある。たとえば、論旨の枝葉に相当する記述や挿入句的な表現などについて、そのような扱いをした箇所がある。（ハ）人物の生没年は訳者による補足であるが、それも丸括弧でくくった。

［　］…訳注は基本的にブラケットの中に収めた。ただし、引用文の出典など、

例外的に丸括弧に収めた訳注もある。

「」…（イ）間接話法に類した表現を直接話法に置き換えた場合に用いた。（ロ）聖書の書名を表すのに用いた。たとえば、「創世記」のように。（ハ）引用文であることを示すために用いた鉤括弧もある。

『』…（イ）一般の書物の題名を示すのに用いた。（ロ）引用文の中の鉤括弧は二重鉤括弧にした。
（三）傍点は、連続するひらがなの切れ目を明らかにするなどの目的で用いた。すなわち、原文の、イタリック体によって示された強調を反映しているわけではない。
（四）原著において強調の目的で用いられているイタリック体は、原則的に、訳文には反映させていない。
（五）改行は、訳者の判断により大幅にふやした。
（六）聖書の書名については、『聖書 新共同訳』（日本聖書協会）の訳語を借りた（ただし、体裁は少し変えた）。たとえば、「テモテへの手紙・一」のようにした。
（七）聖書からの引用文については、『聖書 新共同訳』のほかに『舊新約聖書』（日本聖書協会）も参照したが、必ずしもそれらの訳には従っていない。

『市民政府論（統治論第二篇）』目次

市民政府論

（統治論第二篇）

第一章

一．本書前篇で証明したのは以下のことである。

（一）アダムにはわが子を支配する権限や世界を治める支配権があったと、言い立てる者がある。しかし、アダムはそのような権限や権力を、父親という立場から発生する自然権によって与えられたこともないし、神から明示的に恵まれたこともない。

（二）そのような権限や権力は、よしんばアダムにあったとしても、その子孫にはなかった。

（三）仮にアダムの子孫にそのような権限や権力があったとしても、だれが正当な後継者なのかという問題が生じ、そのたびに後継者を確定する必要に迫られる。ところが、自然法に照らしても、聖書という明文化された神の掟《おきて》に照らしても、答えを出してくれるところはない。そのような次第で相続する権利について――したがって統治をおこなう権利について――確定する術《すべ》はなかったはずである。

(四) 仮に確定できたとしても、アダムの直系の子孫にあたるのはだれか、はるか昔にすっかり分からなくなっている。したがって、世に無数の血統や家系がある中で、われこそはアダムの直系の子孫であるとか、相続の権利を持っているとか言い立てることは、いささかもできない。その点で万人は平等である。

以上の前提はすべて明確に立証されたと思う。すなわち、アダムの私生活上の支配権と家父長としての権限がすべての権力の源泉とされているが、今地上に君臨する支配者はそこからいささかも恩恵を受けることがないし、権威の片影《へんえい》を引き出すこともできない。

その一方で、世界のあらゆる統治は武力と暴力の所産であるとか、人間は優勝劣敗という野獣の掟だけに従って共同生活を営んでいるとかいった具合に考えると、そのような考え方が温床となって、絶えることのない無秩序・暴力・騒乱・暴動・叛乱(すなわち、彼《か》の仮説を信奉する一派が声高に非難している事態)が助長される。こうした成り行きを避けたいのであれば、統治の成り立ちや政治的権力の源泉、そして権力を保持する人間を指名、弁別する方法について、ロバート・フィルマー卿（一五八八～一六五三年）が私たちに説いたのとは別の説明を見いだすことがどうしても必要になる。

二．こうした目的のために、私がどのようなものを政治的権力と見なしているのか明らかにしておくことは、あながち的外れではなかろう。そうしておけば、臣民に対する為政者の権力を、わが子に対する父親の権力、下僕に対する主人の権力、妻に対する夫の権力、奴隷に対する奴隷所有者の権力などから区別することができよう。このような個々の権力がたまたま同一人物の手中に集中することもある。したがって、それぞれの関係ごとに考察するなら、各権力を相互に区別するのに役立つことであろう。また、国家の支配者を一家の当主や、奴隷の漕ぐガレー船の船長と相互に比べ、どのような異同があるのか示すのに役立つであろう。

三．さて、私が考える政治的権力とは、死刑とそれ以下のすべての刑罰をともなう法律を制定する権利、共同体の実力を行使する権利のことである。法律の制定は、所有権を調整、保全することを目的としている。実力を行使するのは、法律を執行し、共同体を外敵の侵略から守るときである。これらのことはいずれも、もっぱら公益を図るためにおこなわれる。

第二章　自然状態について

四　人はみな、本来いかなる状態にあるのか。政治権力を正しく理解し、その起源を追究しようと思うなら、それを検討しなければならない。人はもともと完全に自由な状態にあり、自然法の範囲内であれば、自分の行動を自分で決め、自分の財産や身体を思いのままに処することができる。その際、他人の許可を得る必要もないし、他人の意志に左右されることもない。

本来の状態というのは、平等が保たれた状態でもある。そこでは、すべての権力は相互的に働く。何人《なんぴと》も、ほかの者以上に権力を持つことはない。もっと言うなら、同一種、同一水準の被造物は誰彼の区別なく、創造主から同じ恵みを与えられ、同じ能力を発揮するよう生まれついているのだから、互いに平等であるはずである。従属や服従は、あってはならない。これほど明白なことはない。もっとも、例外はある。神が特定の者に対し、明白な意思表示によって特別待遇を与え、また、明瞭な指図を通じて支配権と統治権をさずけた場合である。

五. このように、人間は生まれつき平等である。賢人リチャード・フッカー（一五五四～一六〇〇年）は人間の平等性を、自明で議論の余地のないことと見なし、それに支えられて相互的な愛が成り立っている、としている。フッカーはさらに、相互的な愛に立脚して人間相互の義務の体系を築き、また、相互的な愛を淵源《えんげん》として正義と慈悲心という偉大な原理を導き出している。フッカーは次のように述べている。

人には生まれつき共通の欲求がそなわっている。それを踏まえれば、自分と同じように他者を大切にすることが義務だということが自覚される。というのも、平等にそなわっているものを認めるからには、共通の尺度を設けないわけにはいかないからである。仮に、人として許される最大限の利益を人々から得たいと願うとしよう。それでいて自分は他人の願いをかなえるための配慮をしない、と仮定しよう（ちなみに人間は、みな同一の性向をそなえている以上、必ずほかの人と共通する願いを抱いているはずである）。そのような場合、自分の欲求を多少なりとも満たしてもらえるなどと、どうして期待できようか。人は、自分の欲求に反することを無理強《むりじ》いされるなら、あらゆる点で気分を害する。それは、私個人の場合と同じことである。したがって、人に害を及ぼすなら、害をこうむることを覚悟しなければならない。こちらが他人のことを大事にする以上に、他人がこちらのことを大事にしてくれる理由はない。したがって、人と人が本来的に対等な立場にある以上、人からできるだけ大事に扱われたいと願うのであれば、当然のことながら、相手に対してまったく同様の思いやりをもって接しなければならない。相手も、こちらと同じ人間である。関係は平等である。生まれつき備わっている理性がそうした関係からいかなる規則や規範を引き出し、生活の指針としたかは、だれもが知るところである。（『政治機構としての教会』第一篇）

六．しかしこれは、自由の状態ではあるが、放恣《ほうし》の状態ではない。そこには、自分の身体と財産を処するための絶対的な自由はあるが、自殺する自由はない。また、自分の所有物である生き物を殺す自由もない。ただし、単に生かしておくことを上回る尊《たっと》い目的があって、その生き物を犠牲にしなければならないときは別であるが。自然状態に置かれていれば、そこには自然法があり、その支配が及んでいる。そこでは、だれもが自然法に服している。そして、耳を傾けさえすれば、理性（つまり自然法）の声が次のように教える。人間は皆それぞれ平等で独立した存在なのだから、何人《なんぴと》も他人の生命や健康、自由、財産を侵害してはならない。

それというのも、次のような次第だからである。人間はみな、唯一の全智全能の主《しゅ》によって創造される。そして、主の命《めい》によりこの世に送り出され、主のなせる業《わざ》にたずさわる。人間は、唯一至高の主に仕える僕《しもべ》である。要するに、主の所産にして主の所有物なのである。人間は、他の人間の意志ではなく、主の御心《みこころ》にかなっている限りにおいて生存を許される。私たちはそれぞれ同等の能力をさずけられ、自然界を共有する形ですべてのものを分かち合っている。他人の命を犠牲にすることが許される上下関係など、およそ想定できないことである。人間は、ほかの人間の使用に供せられるために創造されるのではない。下級の被造物が私たちの役に立つように創造されているのとはわけが違う。だれしも自己の生命を保つ義務があり、自分勝手に生命に終止符を打つことは許されない。それと同じ理由により、自分自身の生存が他人のそれと競合していないときは、自分以外の人間の生存のために最大限の努力を尽くさなければならない。他人の生命そのものや、生命・自由・健康・身体・家財の維持に役立つものを奪ったり損なったりすることは、あってはならないことである。ただし、犯罪者を刑に処する場合は別である。

七．万人が、他人の権利を侵すことや相互に危害を加えることを差し控え、平和と全人類の生存を命じる自然法を遵守《じゅんしゅ》する——そのような人間のあり方を保つために、自然法の執行は本来的に各人の手にゆだねられる。それにより各人は、自然法に違反する者を処罰する権利を得るのである（処罰は、ちょうど違反を食い止められる程度の厳しさになる）。というのも第一に、自然状態においても、法を執行する力をそなえた者が必要だからである。すなわち、無辜《むこ》の人間を守り、犯罪者を押しとどめる者が必要だからである。さもないと自然法は、この世の人間にかかわる他のすべての法と同様、有名無実化する。第二に、ある人間が自然状態において、悪事を働いた他の人間を処罰することを許されるとすれば、だれもが同じことを許される。というのも、次のような次第だからである。完全な平等の状態においては、本来、ある人間が他の人間に対して優位に立つとか、支配的な立場を占めるとかいったことはあり得ない。したがってそこでは、自然法の執行に際してだれかが何らかの行為を許されるとすると、他のだれもが同様のことをする権利を持たないわけにはいかないのである。

八．このように自然状態においては、人間は他の人間に対して支配する力を得る。しかしそれは、絶対的な、あるいは恣意《しい》的な支配力ではない。捕《と》らえた犯罪者を、激《げっ》昂《こう》にまかせて、あるいは何の憚《はばか》りもなく意の向くままに取り扱うことは許されない。許されるのは、冷静な理性と良心の命ずるところに従って、犯罪に応じた罰を下すことだけである。処罰の度合いは、犯人に罪の償《つぐな》いをさせ、また犯罪を思いとどまらせるのに役立つ程度でなければならない。というのもこの二つ以外には、刑罰という名の危害を、合法的に人に及ぼす根拠はないからである。自然法を犯すということは、理性および万人に共通の平等を旨とする掟《おきて》に代えて、別の掟を生活の指針とすると宣言することである。理性と平等の掟こそ、神が人間相互の安全を考えて人間の行動にあてがった規矩《きく》であるのだが。

自然法を犯す者はこうして、人類にとって危険な存在となる。人類を傷害と暴力から守るきずなを侮《あなど》り、損なうからである。このような所業は、全人類に対する犯罪であり、また、自然法の認める全人類の平和および安全を侵害するものである。したがって各人は、この点につき、人類全体を存続させるために保有する権利に拠《よ》り、人類にとって有害な輩《やから》を思いとどまらせることが許される。必要な場合には、そのような連中を抹殺しても差し支えない。要するに、自然法に背《そむ》いた者は処罰しても構わないのである。その目的は、反省を促すことによって犯行を思いとどまらせるか、あるいは当人を見せしめにして模倣犯を思いとどまらせるか、いずれにしても同様の犯行を防ぐことにある。そうした必要に迫られた場合、まさにそのことが根拠となって各人は、犯罪者を処罰する権利と、自然法を執行する権利を与えられるのである。

九. 以上のことを非常に奇抜な学説のように感じる人もいるに違いない。だがそのような人は、右の説をとがめる前に、まず次の疑問に答えてほしい。君主ないし国家は、自国で犯行があったことを理由に、外国人の犯罪者を死刑やその他の刑に処することが認められているが、それは、いかなる権利にもとづいているのだろうか。一国の法律は、立法府の公布した意志によっていかなる強制力を与えられていようとも、その効力は外国人に及ばない。それは確かなことである。法律は、外国人には働きかけない。仮に働きかけたとしても、外国人はそれに従う義務を負わない。立法権は、一国の臣民に対する法律の効力を支えているが、外国人に対しては何ら力を持たない。イングランド、フランス、オランダにおいて立法という至高の権限を持っている者といえども、アメリカ・インディアンに対しては何の権限も持っていない。その点では、世界中のその他の人々とまったく同列である。

それなのに、いずれの国の為政者も、外国人に対して処罰を加えることが認められるのはどうしてか（ちなみに、そのような処罰は、冷静な考えに照らしてその事件にふさわしいと判断される程度のものでなければならない）。なにしろ、一国の為政者が外国人に対して及ぼす力は、だれもが他の人間に対して本来的に持っている力を上回るものではないのだから。外国人に対する処罰が正当化されるのは、自然法によって各人が、自然法に背いた者に対して処罰を下す力を与えられているからに他ならない。

一〇．自然法を犯し、理性の正しい定めを踏み外すなら、それは罪悪となる。そのようなことをすれば、当の本人はそれだけ堕落したことになるし、「私は人の道に見切りをつけ、社会の害虫になった」と宣言したことになる。そのような罪悪にともなって、どこかのだれかの権利や財産が危うくなるのが普通である。また、そのような加害行為によって損害をこうむる者も出てくる。そうした場合、被害者は、ほかの人々にも共通して与えられている処罰の権利に加えて、損害を引き起こした加害者に対して賠償を求める個別の権利を持っている。そして、そのような賠償請求が正当であると判断するならだれでも、被害者に力を貸し、被害者のこうむった損害を相殺《そうさい》するに足るだけのものを加害者から取り戻すべく、手助けしても差し支えない。

一一．ふたつの別個の権利があるわけである。一つは処罰を下す権利。それは、犯罪を未遂に終わらせ、また同様の犯罪を未然に防ぐことを目的としている。この権利は、各人にそなわっている。もう一つの権利、すなわち賠償を受ける権利は、損害をこうむった当事者にしか与えられない。このふたつの異なる権利から、以下のことが導き出される。為政者は為政者であるがゆえに、一般的な処罰権を手中に収めている。そして、公共の利益を計るために法の執行を中止することが求められる場合には、しばしば自己の権限を発揮して刑事罰を減免することができる。しかし為政者といえども、損害をこうむった一般人が当然受け取るべき賠償を、勝手に減免するわけにはいかない。つまり、損害をこうむった者は、ほかならぬ自分の名で賠償を要求する権利を有するのであり、本人でなければ賠償を減免することはできないのである。

被害者がこのような権限をそなえ、加害者から財貨または便益を奪うことができるのはなぜか。自己保存の権利のおかげである。それは、だれもが犯罪を懲《こ》らし、同じような犯罪の再発を防止する権限を与えられているのと同様である。処罰の権限は、全人類を守る権利によって保障されている。また、全人類を守るために理にかなったことを何事であれ遂行する権利によって保障されている。まさにこのような次第で各人は、自然状態に置かれている場合、殺人犯を抹殺する権限を有するのである。

その目的は、第一に見せしめである。殺人のように、償うことのできない危害を人に及ぼすなら、それにともなって必ず全員から処罰を受ける。そうした実例を見せつけることによって、同様の犯行の再発を抑止しようというわけである。第二の目的は、犯罪者のくわだてから人々を守ることにある。犯罪者は、理性すなわち、神が人間にさずけた共通の準則と行動基準を放棄したのである。ひとりの人間に対して不正な暴力と殺人を働いたことにより、全人類に対して宣戦布告したに等しい。したがって、ライオンやトラなどの残忍な野獣と同じように犯罪者を殺すことは許される。そのような野獣は、折り合いをつけられる相手ではないし、一緒にいたのではこちらの身の安全を保つこともできない。

以上のことを根拠としているのが、偉大な自然法である。それによれば、「およそ人の血を流す者は、人その血を流さん」(「創世記」第九章六節)。殺人犯を殺す権利はだれにでもある。カインはそう固く信じていた。だからこそ、弟を殺したあと、次のように叫んだのである。「およそわれに遇《あ》う者、われを殺さん」(「創世記」第四章十四節)。ことほどさように右の理《ことわり》は、全人類の胸の内に克明に刻み込まれていたのである。

一二　同じ理由で、自然状態にある人間は、自然法に対する軽度の違反を見つけた場合、やはり処罰を下すことが許される。もしかすると、死刑に処しても構わないのかと問う向きがあるかもしれない。私の答えはこうである。それぞれの違反に対して、それに見合った程度に、十分な厳しさをもって処罰を下すことが許される。十分な厳しさとは、犯罪者に、法に違反することは引き合わないと悟らせ、後悔の念を起こさせるに足るということである。また、犯罪を模倣しようとする者に恐怖感を与え、その気を失わせるに足るということである。自然状態において発生し得るそれぞれの犯罪は、国家において処罰の対象となるのと同様かつ同程度に、自然状態においても処罰の対象となる。

論拠を示そう。ここで自然法の細目や処罰の基準に立ち入ると、私の当面の目的を超えることになるが、それでも断言できることがある。それは、自然法が存在するということである。また、次のことも確かである。すなわち、自然法は理性のある人間および自然法の学徒にとって、国家の実定法と同様に分かりやすく平明だということである。いや、恐らく平明さの点では、自然法は国家の実定法より上であろう。なぜか。第一に人間は、相互に矛盾する隠された利益を、言葉に表して追求する。理性は、そのような人間の、想像の所産や錯綜《さくそう》した仕組みにくらべ、理解しやすい。第二に、国内法の大半はまさに、相互に矛盾する隠された利益を、言葉で表現したものである。国内法は、自然法にもとづいている限りにおいて正しい。また、自然法によって規制され、自然法によって解釈されるのが筋である。

一三　自然状態において各人は、自然法の執行権を有する――。この耳慣れない説に対して、きっと次のような異論が出るであろう。当事者がみずからの事件を裁くのは、不合理ではないのか。また、自己愛がある以上、人間は自分自身および仲間に有利な判断を下すのではないか。その一方で人間は、嗜虐《しぎゃく》性や一時的な感情、さらには復讐心に引きずられ、処罰にあたって行き過ぎをやらかすのではないか。その結果生ずるのは混乱と無秩序であろう。さればこそ神は、人間の身びいきと暴力を抑制するために、統治という仕組みを定めたのである――。一も二もなく認めさせてもらうが、法律［実定法］を拠《よ》り所とする統治体制でなければ、自然状態から生ずる不都合を適切に矯正する切り札とはならない。それは確かである。ちなみに、当事者がみずからの事件を裁くとなると、そのような不都合は、どうしても通り一遍のもので済まなくなる。なぜなら、容易に察しがつくように、同胞の権利を侵害するほどの不届きな輩《やから》が、潔《いさぎよ》くそのかどで自分自身に有罪判決を下すということは、まずあり得ないからである。

しかし、である。右の異論を唱える人々に思い出してもらいたいのだが、絶対君主とてしょせんは人間に過ぎない。当事者がみずからの事件を裁くことから必然的に生ずる害悪は、統治の仕組みを設けることによって解消すべきなのだろうか。また、だから自然状態は甘受すべきものではない、ということになるのか。そうだとすると、知りたくなる。そのような仕組みとはいかなるものか。また、それは自然状態と比べてどれほど優れているのであろうか。なにしろそこでは、多数の人間を支配するひとりの人物が、当事者の身でありながら裁く自由を享受し、みずからの意向を一から十まで臣民に押しつけるのである。一方、何人《なんぴと》も、そのような意向を実行に移す人々に対して、疑問を呈したり掣肘《せいちゅう》を加えたりする自由はない。しかも、支配者の言動が理性によるものか、錯誤によるものか、あるいは激情によるものかを問うことなく、とにかく支配者のすることに従わなければならないのである。これと比べれば、自然状態の方が格段に望ましい。自然状態であれば、人々は他人の理不尽な意志に服従する義務はない。しかも裁く者は、自分自身の事件であろうと、あるいはその他の事件であろうと、他のすべての人々に対して裁きの責任を負うのである。

一四．強力な反論として、しばしば疑問が投げかけられる。「そのような自然状態に置かれた人間は、どこにいるのか。また、かつて存在したことはあるのか」。これに対しては、差し当たり次のように答えれば十分であろう。世界中の独立国家の君主や支配者はみな自然状態にある。そうである以上、世界が存在する限り、自然状態に置かれた人間は必ず相当数存在する。過去においてもそうだったし、未来においてもそうである。それは明らかである。私は今、「独立国家の支配者はみな」と述べた。その際、それらの支配者が他の支配者との間で同盟を結んでいるか否かは問わなかった。というのも、あらゆる契約が人間相互間の自然状態に終止符を打つというわけではないからだ。自然状態を終わらせるのは、特定の契約だけである。すなわち、単一の国家を構成し単一の統治体制を構築することを互いに承認する契約だけである。それ以外の協約や協定を締結したとしても、人々は依然として自然状態にとどまるのである。

絶海の孤島においてふたりの男がモノの交換を約束したり取り引きしたりすることもある。それは、ガルシラソ・デ・ラ・ベガ（一五三九〜一六一六年）が自著のペルー史『インカの起源に関する真実の記録』において描いているところである。また、アメリカの森の中でスイス人とインディアンが同様のことをすることもある。当事者はそれらの約束や取引によって縛られる。しかし相互の関係について言えば、完全な自然状態のままである。というのも、誠実であることと信義を守ることは、人間そのものの属性であって、社会構成員としての人間の属性ではないからだ。

一五．自然状態にある人間などというものは存在したためしがない――。そのように言う人々に対しては、とりあえず、賢人フッカーの権威で対抗することにしよう。フッカーは『政治機構としての教会』の第一篇第十章において、次のように述べている。

人間は、まさに人間であるからこそ、ここまで述べた法（すなわち自然法）によって絶対的に拘束されるのである。そのことは、確立した団体を結成していないとか、何をすべきで何をすべきでないかについて厳粛な取り決めがないとかいったこととは無関係である。しかし私たちは、自力で十分な量の品物を供給することはできない。それを欠くと、私たちの本性が要求する生活、人間の尊厳にふさわしい生活は成り立たない。そのような次第で、私たちはおのずと、他の人々との交流や協力を求める気になる。孤立した生活に生じるはずの、不足や不備を解消するためである。人間が団結して政治的社会を形成する原因は、ここにあったのである。

これに付け加えて断言しておくが、人間はみな、本来的にそのような自然状態にあり、みずから同意して何らかの政治的社会の構成員になるまでは、その状況にとどまるのである。本書の以下の論述において、そのことをすっかり明らかにできると、私は確信している。

第三章　戦争状態について

一六．戦争状態とは、敵意と破壊の状態である。したがって、言葉か行動によってだれかの生命を狙うと宣言すれば、相手方《あいてかた》との間で戦争状態に入ることになる。ただし生命を狙うといっても、それは激情に駆られた思いつきではなく、冷静沈着に企《くわだ》てるのである。戦争状態に入ると、自分の生命は、他人の力にさらされ、相手方によって奪い取られるかもしれない。あるいは、相手方の守りに力を貸し相手方の大義を支持する者によって、奪い取られるかもしれない。

こちらには、破滅をもたらそうとする者を撲滅する権利がある。それは道理にかなっており、妥当である。というのも人間は、できるだけ守られるべきであるが、自然法という基本的な法に拠《よ》るなら、全員の生存を図ることができない場合、罪なき者の安全が優先されるはずだからである。戦争をしかけてくる者もいるし、こちらの存在に対して敵意を示す者もいる。これらの者を撲滅することは、オオカミやライオンを殺しても差し支えないのと同じ理由により許される。なぜならそのような徒輩は、万人に共通する理性の法に縛られておらず、暴力の掟《おきて》の他には何の掟も受け入れていないのであり、したがって、猛獣と同じように取り扱っても差し支えないからである。猛獣は危険で有害である。その手に落ちれば、間違いなく殺されよう。

一七. このような次第で、他の人間を自分の絶対権力のもとに置こうとすれば、それによって相手方との間で戦争状態に突入することになる。なぜなら相手方は、「生命を奪うつもりだと宣言しているのだな」と解釈するに違いないからである。というのも、十分な根拠をもって次のように断定することができるからだ。すなわち、有無を言わさずにこちらを権力下に置こうとする輩《やから》に捕らえられたら、思いどおりに利用され、向こうの気分次第で殺されることもあろう。なにしろ、こちらの自由の権利に反することを力ずくで強制し、奴隷にしようと強《し》いるつもりがない限り、わざわざこちらを絶対権力のもとに置きたいという気持ちに駆られるはずはないのだから。このような暴力をまぬかれていればこそ、生存が保障されるのだ。

理性の命ずるところに従えば、次のような見方をせざるを得ない。すなわち、生存の防壁である自由を奪い去ろうとする輩は、生存の敵なのである。このような次第だから、こちらを奴隷にしようと企てるなら、まさにそれゆえにこちらとの間で戦争状態に入ることになるのである。今、自然状態が成り立っているとしよう。自然状態に置かれていれば、だれでも自由を享受している。自由を奪い去ろうとする者は、ほかのすべてのものも奪い去るつもりでいるに違いない。そうした疑いはまぬかれない。なぜなら、その自由こそが、自由以外のあらゆるものの基礎なのだから。

以上のことは、社会状態が成り立っている場合と同様である。社会または国家の構成員から自由を奪い去ろうとする者は、それ以外のあらゆるものも奪い去ろうとしているとの疑いをまぬかれない。したがって、そのような者は戦争状態に身を置いているのだと見なさざるを得ない。

一八・　そうである以上、被害者が物盗《ものと》りを殺すことが合法化されるケースもある。それは、物盗りが暴力をふるって被害者を言いなりにし、金銭や自分の好きな物を奪おうとする場合である。物盗りが被害者をいささかも傷つけておらず、また、被害者の生命を奪う意思を何ら示していなかったとしても、それは言い訳にならない。なにしろ、何の権利もないのに暴力をふるい、相手を思いのままにするのである。物盗りがいかなる口実を設けるかは知らない。だが、自由を奪おうとする者が、相手を言いなりの状態に追いやっておきながら、自由以外のものはそのまま見逃すということがあるだろうか。そう推測するに足る根拠はない。したがって犯人は、被害者との間で戦争状態に突入したことになる。犯人をそれ相応に取り扱うこと、すなわち犯人を殺すことは、それが可能であればの話だが、合法的である。というのも、戦争状態を招き、しかも攻撃する側に立つとすれば、そのような危険に身をさらすことになるのは当然のことだからである。

一九．ここに、自然状態と戦争状態との違いが明白になった。両者は混同されることもあるが、互いにいちじるしく異なっている。それはちょうど、平和・善意・相互扶助・生存維持の状態が、敵意・悪意・暴力・相互破壊の状態からかけ離れているのと同じことである。地上に、人間全体の上位に君臨する者が存在しない、すなわち人間に対して審判を下す権限をそなえた者が存在しないとする。にもかかわらず人々が理性にもとづいて共同生活を営む。これが、本来の自然状態である。

一方、地上に、人間全体の上位に君臨する者、訴えに応じて救済の手をさしのべてくれる者がいないのに乗じて、暴力を実際に行使するか、あるいは他人の身体に対して暴力をふるうとの意志を明らかにするなら、戦争状態になる。救済を求めて訴えを起こす機会が閉ざされている場合、防戦する権利が生ずる。攻撃をしかけてくる者が、たとえ同じ社会の一員であり同じ国の同胞であったとしても、である。

たとえば、自分の所有する全財産を盗まれた後では、法に訴える以外に泥棒にダメージを与えることは許されないが、泥棒に襲われる瞬間となると話は別である。すなわち、奪われた物が馬匹《ばひつ》や上着にすぎないとしても、犯人を殺すことは許される。なぜか。法の介入が間に合わず、自分のかけがえのない生命が切迫した暴力から保護されない場合、生存を維持するために定められている法によって、自己防衛と、戦争の権利すなわち犯人を殺す自由が容認されているからである。というのも、取り返しのつかない危害が加えられるかもしれず、一刻の猶予《ゆうよ》も許されない以上、救済を求めて私たちの共通の裁判官に訴え出るとか、法の裁定を待つとかいうことはできないからである。権威のある共通の裁判官がいない場合、全員が自然状態に置かれるのに対し、正当な権利もないのに人の身体に対して暴力が行使されると、共通の裁判官の有無とは無関係に戦争状態が生ずる。

二〇．しかし発生した暴力が収まると、敵と味方が同じ社会にあって法の公正な決定に等しく服しているのであれば、両者間の戦争状態は解消される。なぜなら、その時点で、「それまでに生じた被害を賠償してくれ」とか、「将来の危害を予防すべきだ」といった要求をかなえることが可能だからである。

しかし、実定法および権威ある裁判官が存在しないと、そのような申し立てはできない。自然状態はその典型である。このような場合、ひとたび始まった戦争状態は終わらない。その際、罪のない被害者は、「状況が許せば加害者側を撃滅する」という権利を保ったままである。戦争状態が終わるのは、加害者が講和を打診し、次の条件を呑《の》んで和解を望むときである。加害者が、それまで被害者に及ぼしたすべての実害を旧に復すること。それ以後、被害者の安全を保障すること。

戦争状態が続くケースは他にもある。それは、法および制度化された裁判官に訴え出ることができても、救済策を講じてもらえない場合である。そのようなことが起こるのは、一部の人々ないし党派の暴力や加害行為を保護または免責しようとして、露骨に正義の道を踏み外したり、臆面もなく法律を曲げたりするといったことが横行している場合である。そのような条件のもとでは、戦争状態以外のものは想像できない。なぜなら、司直の仕業《しわざ》だとしても、暴力と加害行為はどこの国でも、しょせんは暴力であり加害行為だからである。法の名を騙《かた》り、法の体裁を取り繕《つくろ》い、法の形式を整えたとしても同じことである。法の目的は何か。それは、法に服従する者に対して法を公平に適用することによって、罪なき者を保護、救済することにある。法の公正な適用が誠実におこなわれていないと、必ず戦争になる。被害者になるのは、救済を求めて訴え出ようにも、この世ではそのような救済者に恵まれていない人々である。彼らにはそのような場合、天に訴えるしか策は残されていない。

二一．天のほかに救済を訴え出る場がない場合、裁定する権威が存在しないために、ごく些細《ささい》な対立でも一挙に臨界に達しがちである。このような戦争状態を何としても避けたいという願いが大きな動機となって、人間は社会を形成し、自然状態に終止符を打つのである。なぜなら、申し立てに応じて救済をほどこしてくれる地上の権威なり権力者なりが存在するなら、戦争状態の継続は不可能になり、紛争はその権力者によって裁定されるからである。旧約聖書の時代に仮にこのような裁きの場が地上の高みにあって、エフタとアンモンのどちらに正義があるのか裁きを下していたら、両者は戦争状態に至ることはなかったであろう。

　だがエフタは、知ってのとおり、天に訴えることを余儀なくされた。「願わくは、審判《さばき》をなしたもうエホバ、今日《こんにち》イスラエルの子孫《ひとびと》とアンモンの子孫《ひとびと》との間を裁《さば》きたまえ」（「士師記」第十一章第二十七節）。これはエフタの言葉である。エフタはその後、訴えを貫き、訴えを頼みとして自分の軍勢を率いて戦《いくさ》の場に出る。したがって、このような争いごとにおいて、「裁《さば》きを下すは誰《たれ》なるべし」という問いが投げかけられるとき、その問いは、だれが争いごとの決着をつけることになるのか、という意味にはなり得ない。「審判《さばき》をなしたもうエホバ、裁きたまえ」というエフタの言葉は、この場合どのように解すべきか。それは、だれもが知っている。地上に裁く者がいなければ、訴えは天上の神に向けられる。したがって、「裁きを下すは誰なるべし」という問いを発したからといって、それは、以下の問いを意味するわけではない。相手と私の間で戦争状態に入ったか否かを裁くのはだれか。また、そのような状況において、エフタと同じように私が天に向かって訴えかけることが許されるか否かを裁くのはだれか——。そのような問いに関して自分で出来ることと言えば、最後の審判の日に、万人の至高の裁判官である神に対して答えるつもりになって、己《おの》が良心にかけて判断を下すことだけである。

第四章　隷属状態について

二二．地上のいかなる上位の権力にも縛られず、人間の意志や立法権の支配を受けず、自然法以外に人間の従うべき準則が存在しない——これが人間の本来の自由である。それに対して、社会における人間の自由というものがある。そのような自由は、国内で同意にもとづいて制定される立法権力に制約される。ただし、それ以外のいかなる立法権力にも制約されない。社会における人間の自由はまた、立法部が信託を受けて制定する法に制約される。もっとも、それ以外のいかなる意志の支配にも、いかなる法の拘束にも、制約されない。

したがって自由というものは、ロバート・フィルマーが『アリストテレス政治学考』（五十五ページ）において述べるのとは異なる。つまり、「各人が自分のしたいように振る舞い、好きなように生き、しかもいかなる法律の拘束も受けない自由」のことではない。それとは逆に、統治のもとにおける人間の自由とは、生活に際して守るべき恒常的な決まりをそなえているということなのである。そして、そのような決まりは、社会の各成員に等しく適用されることになっている。決まりを定めるのは、社会において確立された立法権力である。決まりがない場合、あらゆる事柄において自分自身の意志のままにしてよい。変化しやすく不確かで、窺い知れぬ他人の意志、すなわち恣《し》意的な他人の意志に左右されることはない。それはちょうど、人間の本来の自由が自然法以外のいかなる制約も受けないのと同様である。

二三．上述のように絶対的、専制的な権力から自由であることは、身を守ろうとするなら欠かすことができない。両者は密接不可分の関係にあるので、そのような自由を手放せば、身を守ることができなくなると同時に、生命を失うことになる。それは必至である。考えてみれば分かることだが、おのれの生命を自分勝手に扱う権限がない以上、契約すなわち自発的な同意を通じて、だれかの奴隷になるとか、思いどおりにこちらの生命を奪おうとする他の人間の絶対的、専制的な権力の下に身をゆだねるとかいったことは、不可能である。何人《なんぴと》も、持てる以上の権限を相手に与えることはできない。自分自身に対する生殺与奪《せいさつよだつ》の権がないのだから、自分の生命に対する支配権を他の人間にゆだねることは不可能である。

実際に生じているのは以下の事態なのである。死に値する何らかの失敗を犯したために、自分自身の生命を投げ出さざるを得なくなった場合、生命を預かった側は、（相手を思いどおりに扱うことのできる間）生命を奪うのを遅らせ、むしろ、相手を利用して労役《ろうえき》を提供させる。そして、相手に危害を加えることは避ける。なにしろ、生命を投げ出した側は、隷従状態の苦痛が生命の価値を上回ると思うときはいつでも、支配する者の意志に反して、死を選ぶことができるのだから。

二四．これは完璧な隷従状態である。それは、合法的な征服者と奴隷との間で続く戦争状態に他ならない。なぜそのように言えるのか、考えてみれば分かる。仮に、ひとたび両者の間に契約が入るとする。すると、一方の側が権力の制限を受け入れ、他方の側が恭順を受け入れるという合意が成立する。その契約が継続する限り、戦争状態と隷従状態は停止する。ところが上述のとおり、そもそも自分の持っていないもの、すなわち自分自身の生命に対する支配権を、同意によって他の人間に譲り渡すことは、不可能なのである。

確かに、ユダヤ人やその他の民族には、自分自身を身売りするという慣行があったことが分かっている。だが、身売りした者を待っているのは、苦役《くえき》だけであって奴隷の身分ではない。それは明らかである。というのも、次のような次第だからである。自明のことながら、身売りした側が絶対的、恣意的、専制的な権力のもとに置かれることはなかった。というのも、使役《しえき》する側は、下僕《しもべ》となった者をいつ殺しても差し支えないというわけではなかったからである。それどころか、一定の時点で苦役から解放することすら義務づけられていた。使役する側は、下僕の生命をほしいままに支配する権限どころか、勝手に不具にすることすら許されていなかった。眼や歯を失わせた場合、下僕を解放しなければならなかったほどである（「出エジプト記」第二十一章第二節、二十六節、二十七節）。

第五章　所有権について

二五．自然の道理によれば、人間はひとたび生まれると生存の権利を得る。したがって生きるために、食べ物や飲み物など自然界がもたらす物に与《あずか》る権利を得る。一方、啓示《けいじ》は、神がアダム、ノア、そしてノアの子孫にさずけたこの世の恵みについて自説を唱えている。どちらの説を重視するにしても、いたって明らかなことがある。それは、ダビデ王が「神は地を人の子に与えたまえり」（「詩編」第一一五章第十六節）と語っているとおり、神は人類に世界を共有物としてさずけたということである。しかし、そうだとすると、個々の人間は、物に対する所有権を一体どのようにして得るのであろうか。それに答えるのは大変むずかしいと感じる者もあろう。だが私としては、次のように答えて事足れりとするわけにはいかない。

「神がアダムとその子孫に世界を共通の財産としてさずけたという仮定にもとづくなら、所有権を立証することはむずかしい。となれば、そのような所有権を得ることができるのは、世界を支配する唯一の君主以外にはいないということになる。ただしこのことは、神がアダムとその直系の子孫に限って世界を与え、それ以外のアダムの子孫にはそうした恩恵に与《あずか》らせなかったという仮定にもとづいているわけだが」。

このような答えに甘んじるわけにはいかない。人間は、神から人類共通の資産としてさずけられた物を、個別に所有するに至った。しかも、共有者全員の明示的な契約がないままにである。どのようにしてそのようなことが起こったのか、以下、説明を試みることとしよう。

二六．人間は神から、世界を人間の共有物としてさずけられた。それと同時に、世界を利用するための理性もさずけられた。生活上の利益を最大化し、便宜を図るためである。大地とその恵みはすべて、人間の生存を支え、楽にするために与えられているのである。大地に生《な》る野生の果実と、大地の育てる野生の獣《けもの》は、自然界の自発的な働きによって生み出されるのだから、どれもこれも人類の共有物である。大地の恵みがこのように自然の状態にある限り、本来、何人《なんぴと》もそれを個人的に支配し、他の人々を排除する権利を持たない。

しかし大地の恵みは、人間の利用のために供されているのである。したがって、事の順序からして、まずそれを何らかの形で私的に専有する手立てがほどこされるはずである。その後で初めて、大地の恵みは特定の人にとって有用なもの、あるいは多少なりとも有益なものとなる。未開のアメリカ・インディアンは囲い込みということを知らず、昔ながらに土地を共同で利用している。だが、インディアンの食糧となる果実や鹿肉は、それに先だって当人のものとならねばならない。すなわち、当人と十分に一体化しなければならない。こうして他人の手出しする権利が完全に消滅して初めて、果実や鹿肉は、当のインディアンの生命を維持するのに有益な物となるのである。

二七．大地と、人間より下位の被造物はみな、万人の共有物である。一方、個々の人間は身体という財産を所有している。本人を除けば、何人《なんぴと》もこれに対する権利を持たない。身体の労働と両手の作業は、当然のことながら本人のものと言える。何かを、それを取り巻く自然状態の中から取り出すとする。取り出された物には、人間の労働が混入し、その人間のものが付加されたことになる。その結果、取り出された物は、取り出した人間の所有に帰する。自然のままの共有状態から取り出された以上、労働を通じて何らかの要素が付け加えられたことになる。そして、その新たな要素ゆえに他の人々の共有権は排除される。なぜか。この労働というものは疑問の余地なく、労働する者に属しており、ひとたび労働が付加されたものに対しては、労働した当人以外、だれにも手を出す権利はないからである。少なくとも、他の人々に十分な量の、しかも質の劣らぬ大地の恵みが共有物として残されている限りはそう言える。

二八．樫《かし》の木の下で拾ったドングリや、森の木々から摘み取ったリンゴは、間違いなく、それを食糧にした人によって専有されたのであり、その人に属していることは否定できない。それでは聞こう。それらの食物がその人のものとなったのは、いつの時点なのだろうか。消化したときだろうか。食べたときだろうか。茹《ゆ》でたときだろうか。あるいは、自宅に持ち帰ったときだろうか。それとも、採取したときだろうか。最初採取したときにその人のものにならなかったとすれば、他のいかなる行為も所有の決め手とはならない。それは明らかである。採取という労働が加えられたがゆえに、それらの木の実は、共有の木の実から区別されるのである。労働によって新たな要素が加わったのであり、それと比べれば、自然という万物共通の母が生み出したものは、高が知れている。だからこそ、それらの木の実は、採取した者の私的財産となったのである。

それなのに、木の実を採取した者は人類全体の同意を得て採取したわけではない、だから、それらの木の実に対する権利はない――このように主張する者が出てくるであろうか。万人の共有物を我が物にするということは、すなわち窃盗だったのだろうか。木の実を採取するのに同意が必要であるならば、人類は神から豊かな恵みを与えられているにもかかわらず、餓死していたに違いない。契約によって共有のままになっている入会地《いりあいち》を見れば分かるとおり、共有物の一部を手に取り、自然のままの状態から切り離すからこそ、所有権が発生するのである。そのような所有権が発生しないとすれば、入会地は無用の長物である。というわけで、共有物の何らかの部分を手に入れるにあたって、共有者全員のはっきりした同意は必要ない。したがって、共同利用する権利のある場所でありさえすれば、持ち馬が食《は》む牧草や、使用人が刈った芝草、そして自分で掘り出した鉱石は、当人の所有物となる。その際、割り当てをしてもらう必要はないし、承諾を得る必要もない。労働を加えたことにより、牧草や鉱石はもはや共有ではなくなる。それらのものに対しては、労働した当人の所有権が確定したことになる。

二九．共有物の一部を我が物にするためには、共有者の明確な同意が必要なのだろうか。仮にそうだとすると、子どもや召使いは、父親ないし主人からもやいで肉を与えられても、めいめいの取り分を割り当ててもらわない限り、その肉にナイフを入れることもできないということになる。そのようなことはあり得ない。泉に湧く水は万人のものであるが、水差しの水は、それを汲《く》んだ人の専有物となる。だれがそれを疑おうか。水を汲むという労働を経て、水は自然界から離れ、汲んだ人自身のものとなったのである。たしかに自然界にあったときには、水は共有物であり、自然界の子である人間に等しく属していたのであるが。

三〇．こうしたわけで、この理性の法が働いているからこそ、インディアンにしとめられた鹿は、インディアンのものとなるのである。鹿は、しとめられるまでは万人の共有物であったが、今は、鹿をしとめるために労働した者の所有物だと認められるわけである。たしかに、人類のうち文明化した側に属している人々は、所有権を確立するための実定法を制定し、それら実定法の数を増やしている。しかしそうした人々の間でも、この本源的な法すなわち自然法は、かつて共有だった物の中から所有権が発生する根拠として今なお通用している。そして、自然法に支えられているからこそ、次のような理屈になるのである。

海は、人類の偉大な、今なお残る共有物である。その海で魚が釣れ、また竜涎香《りゅうぜんこう》が取れたとする。それらのものは、いかなるものであれ、手に入れるために骨を折った者が所有することになる。それらのものを自然状態から取り出すために投入された労働が物を言うからである。

また身近な例では、狩りの標的となっている野ウサギは、野ウサギを追跡している者に属すると考えられる。というのも次のような次第だからである。野ウサギは今日《こんにち》でも万人の共有物と見なされており、だれの私有物でもない。だが、野ウサギを見つけ出し、跡を追うなどの労働が投入されたとしよう。すると、野ウサギは自然状態の中から取り出され、それゆえに、野ウサギに対して所有権が発生したことになるのである。自然状態にとどまっていた間は、野ウサギは共有物として扱われていたわけであるが。

三一．恐らくこれに対しては、次のような異論が出るであろう。ドングリなどの木の実に対する所有権が、採取するだけで発生するのであれば、だれもが欲するだけの量を独占しても構わないということになりはしないか——。答えよう。そうではない、と。というのも、労働を根拠として私たちに所有権を保障しているのと同じ自然法が、同時に所有権を制限しているからである。「神はよろずの物をゆたかに賜《たま》う」（「テモテへの手紙・一」第六章第十七節）。これは、霊感によって裏書きされた理性の声である。

だが神は、どの程度ゆたかに与えたのであろうか。人間が満喫できるように、というのが神の意向である。持ち腐れにすることなく生活に役立てるために使い切ることのできる範囲であれば、自分の労働を通じて所有権を確立することが許される。それを超過する分は、分け前を超えていることになるので他の人々のものとなる。人間が腐らせたり壊したりすることを目的として神が創造したものはない。したがって、労働を通じて確立した所有権をめぐってもめ事やいさかいが生じる余地は少なかったのである。

次の事情があるだけになおさらである。世界ははるか昔から、豊かな自然の糧《かて》に恵まれていた。一方、それを使う人は少なかった。自然の糧のうち、一個の人間の努力そのものが及ぶ部分、そして他の人々の利益をないがしろにして独り占めできる部分はきわめて小さかった。とりわけ、道理によって課される有用物の利用限度を守っている限りにおいてはそうだったのだ。

三二　しかし今日《こんにち》では、所有権の主たる対象は、地上の果実や地上に生きる獣ではなく、土地そのものである。土地は、それ以外のすべてのものを孕《はら》む。私の考えでは土地の所有権も、果実や獣の所有権と同じ要領で獲得される。それは明らかである。土地を耕し、苗床にし、改良、開墾する。そして、そこから上がる収穫物を使いこなせるなら、まさにその分の土地が所有地となるのである。労働を加えることによって、その土地はいわば囲い込まれ、共有地から切り離されるのである。

次のような意見もあろう。その土地に対してはだれもが平等の権利を持っている。

したがって、その土地を共有する仲間の同意、すなわち全人類の同意がなければ、それを専有物にすることはできない——。だが、そのように主張したところで、土地に労働を加えた者の権利を無効にすることはできないのである。神は全人類に共有物として世界を与え、同時に労働も命じた。そして人間は、窮乏状態から脱するために労働しなければならなかった。人間は神の命令を受け、また人間の理性の命令を受け、大地を開拓した。すなわち、生活に役立てるために土地を改良し、そこに、人間自身のものである労働を投じた。この神の命令に従って土地を切り拓《ひら》き、耕し、種をまくと、そこには、労働を投入した者が自分の所有する何かを付け加えたことになる。その「何か」に、他の者は手出しする権利はない。手出しをすれば、それは加害行為にならざるを得ない。

三三　このように土地を改良することによって専有したからといって、それによって不利益をこうむる者はやはりいなかった。なぜなら、質の劣らぬ土地が依然として十分に残されていたからである。しかも、まだ土地を持っていない人々が新たに利用するようになったとしても、土地はまだあり余っていた。したがって実際には、土地の囲い込みをおこなったからといって、それ以外の人々の割り前を減らすことにはならなかったのである。
たとえて言えばこういうことである。他の人が利用するだけの分を残しているなら、何も取っていないのと同じことなのである。だれかが水を飲んだとしよう。それが少なからぬ量であったとしても、水の流れがそっくりそのまま残っていて、渇きを癒《いや》すことができるとすれば、損害をこうむったと考える者はいない。というわけで、土地と水は、ともにふんだんにあるわけだから、事情はまったく同じである。

三四．神は大地を人間の共有物として与えた。それは、人間の利益を計るためであり、人間が大地から引き出す衣食住の便を最大化するためであった。したがって、神が大地をいつまでも共有のまま耕作せずにおくという意向だったとは考えられない。神は大地を、勤勉で理性的な人々に任せたのである（土地の所有権の決め手となるのは労働であった）。諍《いさか》いや争いを好む人々の恣意《しい》や貪欲《どんよく》に任せたのではない。改良を待っている土地が、すでに所有者の決まった土地と同じだけ残っているのであれば、不平を言うには及ばない。また、他の人の労働によって改良された土地に干渉すべきではない。言うまでもないことだが仮に干渉するなら、他人の苦役の恩恵を、受ける権利がないにもかかわらず欲しがり、それでいて、神から共有地として与えられた土地を、求めようとはしなかったということになる。そこは労働の投入が待たれている土地だったのだが。そうした共有地は、すでに所有者が決まっている土地と同じほど、しかも、手に余るほどふんだんに存在していた。すなわち、どれほど勤勉に働いても利用しきれないほどだったのである。

三五．イングランドやその他の国では、金を握り商いに励む大勢の人々が、国の統治下にある。そうした国の共有地においては、共有者全員の同意がない限り、いかなる部分も囲い込んだり、我が物にしたりすることは許されない。なぜなら、それは契約によって、すなわちその国の侵すべからざる法によって、共有状態に置かれているからである。したがって、それは一部の人々にとって共有だとしても全人類にとって共有というのではなく、その国なり教区なりの共有財産なのである。しかも、囲い込みがおこなわれた後に残った土地は、他の共有者にとってあまり良質なものとはならない。そこは、万人がすべての土地を利用できる状態に置かれていたときに比べると、質が落ちる。

以上のことは真実である。だが、世界という巨大な、万人の共有物が誕生し、そこに人間が住み始めた頃、事情はまったく異なっていた。人間を支配する法は、むしろ土地の専有を奨励していた。神は人間に労働を命じ、一方、人間は貧窮状態から脱するために労働せざるを得なかった。労働は当人に属しているのであり、それは奪い取ることのできないものであった。その際、労働の投入先がどこであっても関係ない。このように土地の開墾や耕作は、所有権と一体だということが分かる。土地を開墾し耕作すると、それを所有する権利が生じた。したがって神は、開墾を命じることによって、開墾した分だけ専有する権利を与えたということになる。そして、人間の生活条件が労働や加工すべき材料を必要とするという事実も、必然的に私有財産の発生を促すのである。

三六. 所有の限度は、人間の労働が及ぶ範囲に応じて、また衣食住に役立つ度合いに応じて、自然界が巧みに定めている。何人《なんぴと》も、どれほど労働してもすべての土地を開墾ないし専有することはできない。また、土地を享受したにせよ、使い切れるのはほんの一部分にすぎない。したがって、土地に手を加えたからといって、他の人の権利を侵害するとか、所有権を得るに際して隣人の利益を犠牲にするといったことは、あり得ないことであった。というのも当の隣人は(自分の分を取られた後も)、取られた土地と同じように生産力のある土地を、同じ面積だけ手に入れる余地があったからである。世界の創造期には、各人の所有はこうした限度によって制約されており、それは、全体のわずかな部分を占めるにすぎず、どこかを専有してもだれにも迷惑をかけずに済む程度に収まった。当時は、入植地の不足によって窮乏する危険よりも、仲間からはぐれ、広漠とした荒野で道に迷う危険の方が大であった。

右のような上限は今日でも適用できる。その際、世界中どこに行っても人間があふれているように見えるけれども、だれにも不利益は生じない。ある男、またはある一家が、アダムまたはノアの子孫が人類として初めて世界に住み始めた頃と同じ状態にあると仮定しよう。そして、その男がアメリカのどこか内陸の無人の土地に入植したとしよう。右に示した限度に縛られるので、獲得できる所有地はあまり大きくならない。入植者がやってきたからといって、他の人々は不利益をこうむりはしない。今日《こんにち》ですらそうである。また、不満を訴えたり、「入植者の侵入によって損害をこうむった」と考えたりする根拠にはならない（人類は今や世界の隅々にまで広がっており、人口も最初の頃と比べれば途方もなく増加しているけれども）。

と言うか、むしろこうだ。いくら広い土地でも、労働が投入されない限り価値はない。だから、仄聞《そくぶん》するところスペイン本国では、利用しているという既成事実があるだけでそれ以外に何の権利がなくとも、好き勝手に土地を耕し、種をまき、作物を刈り入れることが許されることもあるという。それどころか、住民の考えによれば、荒れ地に労働を加えた人は穀物のたくわえを増やし、住民の望みをかなえてくれたのだから、感謝を捧げるべき相手なのである。

だが、それはそれとして、あえて断言しておきたいのは次のことである。すなわち、「利用できるだけのものを所有すべし」というまさにその決まりは、本来、依然として世に通用しているということである。しかもその際、だれも窮屈な思いをせずに済むはずである。なぜなら世界には、人口が二倍になったとしても十分に各人に行き渡るだけの土地があるのだから。ただ、実際には、貨幣が発明され、貨幣に価値を置くという暗黙の取り決めが成立したため、（合意にもとづいて）必要以上のものを所有することが普及し、また余分な財産を所有する権利も確立した。その経緯については、おいおい詳しく示すことにする。

三七．物の本来的な価値は、人間の生活にとって有益か否かだけで決まる。だが、必要以上に多くの物を持ちたいと物欲に囚《とら》われるあまり、そのような価値は一変した。また、磨滅や腐食に耐える山吹色《やまぶきいろ》の小さな金属が、大きな肉片やうずたかく積まれた穀物と同じ価値を持つという合意が成立した。それ以前の時代はそうではなかった。かつては、おのれの労働を投入したことを根拠として自然物を専有することが許されたが、専有できるのはあくまでも利用できる分だけであり、それは、大した量にはなりようがなかった。また、他の人々に損害をもたらすこともなかった。同じような勤労に励む者に対しては、同じようにたくさんのものが残されていたからである。

さて、ここまで述べたことは明白であるが、ひとつ付け加えておきたいことがある。おのれの労働によって土地を専有した者は、人類共通のたくわえを減らしたのではない。むしろ、増やしたのだ、ということである。一エーカーの土地から産出される食糧で、人間の生活を維持するのに役立つものを尺度にしてみる。そして、囲い込まれ開墾された土地を、同程度に地味《ちみ》が肥えていながら共有のまま荒れ地になっている土地と比べる。すると、前者の生産力は後者を、（かなり控えめに言って）十倍も上回っているのである。したがって、囲い込んだ土地十エーカーから衣食住に役立つものがふんだんに得られ、それが、荒れた土地百エーカーの生産力を上回っているとするなら、差し引き九十エーカー分を人類に提供したに等しい。そう言っても過言ではない。なぜなら労働が投入されたことにより、十エーカーの土地から供給される食糧は、共有地百エーカーの生産力に文字どおり匹敵するようになるからである。

私は今、改良された土地について、その生産力は共有地の十倍にすぎないと、すこぶる低い評価を下した。ところが実際には、改良地の生産力は共有地のほぼ百倍に匹敵するのである。根拠はこうである。たとえば、土地改良・耕作・畜産がおこなわれることなく、自然のままに放置されたアメリカの原生林や荒蕪地《こうぶち》千エーカーを、イングランド南西部・デボンシャー州の、同じ程度の地味の耕作地十エーカーと比べてみる。前者は後者に引けを取ることなく、貧しい憐れな住人の衣食住を十分にまかなえるだろうか。それは疑問である。

土地を専有する前は以下のとおりであった。できる範囲で野生の果実を採取し、獣を仕留め、捕《つか》まえ、飼い慣らす。あるいは、自然界の天然の産物を相手に汗水たらして働き、かりそめにも労働を投入したことにより、自然状態にあった産物に大なり小なり変化を加える。すると、そうした働きかけをおこなったことにより、それらのものは我が物となる。だが、それをしかるべく利用しないまま持ち腐れにする、すなわち、消費しないまま果実や鹿肉を腐らせる。そうすると、万人に適用される自然法を犯したことになり、処罰を受けなければならない。それは、隣人の持ち分を侵したからである。というのも、自分が使うのに多少なりとも必要な量、あるいは衣食住の向上に役立つ量は決まっており、それを超えた分の権利はないからである。

三八. 土地の所有も、同様の限度によって抑制されていた。どこかを耕し、作物を刈り取り、貯《たくわ》える。そして、腐らせることなく利用する。すると、それはすべて既得権になった。また、土地を囲い込み、牧畜をおこない、畜産物を利用する。すると、その家畜と畜産物もすべて自分のものになった。しかし、囲い込んだ牧草が大地でそのまま枯れるか、あるいは栽培した果実が収穫と貯蔵を待たずに腐るならば、その土地は、すでに囲い込まれているとしても、やはり荒蕪地《こうぶち》と見なされ、ほかのだれかの所有地になることもあり得た。だからこそ原初の時代、カインは耕せるだけの土地を占めながら、アベルの羊を養うのに十分な土地を残すということも可能だったのである。数エーカーもあれば、ふたり分の所有地として十分であった。ところが世帯の規模が拡大し、勤労によって家畜が増加する。すると、家族と家畜を食わせるために所有地が広がった。

しかしその際、利用する土地に対する所有権は一般に、確立していなかった。土地の所有権が確立するのに先だって、まず、土地利用者が寄り集まって定住し、都邑《とゆう》を築いた。次いで、合意にもとづいて截然《せつぜん》とした区画の切れ目が定まり、隣人たちとの間で境界が決まるに至った。当該の共同体の法律によって住人の所有権が確立されたのは、ようやくその後のことである。

たとえば私たちは、世界で初めて人間が住み着いた土地、したがって人口がどこよりも多くなるはずの土地の実態を知っている。そこでは、時代が下ってアブラハムの頃になっても、人々は自分たちの財産である羊や牛馬の群を引き連れて自由にあちこちを遊牧していた。しかもこのアブラハムは、異邦人として入り込んだ国で遊牧していたのである。ここから、以下のことが明らかである。第一に、少なくとも土地の大部分は共有だった。第二に、住人は土地に価値を置いていなかったし、自分で利用しきれないものに対しては所有権を主張していなかった。だが、同一の場所でともに家畜を飼うだけの余地がなくなると、人々はアブラハムとロトのように（「創世記」第十三章第五節）、合意により牧草地を分割し、それを思い思いの方向へ広げていった。エサウが父と弟のもとを離れてセイル山に入植したのも、同じ理由による（「創世記」第三十六章第六節）。

三九. このような次第であるので、アダムが他のすべての人々を排して世界全体に対する私的な支配権と所有権を独占していたとの仮定は無用である。そのような仮定は証明不可能であり、それに依拠したところで、何人《なんぴと》の所有権も立証できない。むしろ、事実に即して、世界は人間の子孫に共有物として与えられたのだと考えれば、次のことは一目瞭然である。すなわち、労働を投入することによって初めて人は、個人で利用することを目的として土地を所有する権利を得ることができたのである。また、そうであればこそ、所有権は疑うべくもなかったし、争いが起こる余地もなかったのである。

四〇．労働から派生する所有権は、土地の共有に勝る。こうした理屈は一見意外に思えるかもしれないが、よく考えてみれば、さほど奇妙なことではない。というのもあらゆる事物の価値は、ほかでもない、労働によって違ってくるからである。片や、葉タバコや砂糖キビ、あるいは小麦や大麦を植えた土地。片や、農業のおこなわれていない共有地。同じ一エーカーあたりで両者の間にいかなる違いがあるか、考察してみるがよい。そうすれば、土地改良が価値の大部分を生み出しているということが分かるであろう。大地の産物のうち人間の生活に有用なものについて言うと、その九割は労働の成果である。そう述べたとしても、すこぶる控えめな計算ということになろう。いや、それどころではない。使用されるようになったものの評価額を正しく見定め、その内訳を合計し、その中で自然界に由来する部分と労働に由来する部分を計算すると、多くの場合、純然たる労働によると見るべき部分が、九割九分を占めるということが分かるだろう。

四一．アメリカ・インディアンの諸部族は以上のことを明白に実証している。これほど歴然とした実例は他に類がない。インディアンは土地には恵まれているが、便利な生活物資をことごとく欠いている。彼らには、天然の豊富な資源がある。すなわち、生活の必需品や潤滑油として役立つ物を豊富に生産する肥沃な土地がある。その点では、どこの人々にも引けを取らない。ところが、労働によって土地を改良するということがないので、私たちが享受しているような衣食住の便となると、その百分の一ですら彼らは恩恵に与《あずか》っていない。広大で肥沃な領地を支配している首長ですら、衣食住はイングランドの日雇い労働者に劣るというわけである。

四二　以上のことをもう少しはっきりさせるために、日常的な生活物資が私たちの使用に供せられるまでの過程を跡づけ、それらの物資が人間の勤労によってどれほど多くの価値を付加されているか見てみよう。パン・ワイン・布地は日常的な品物で、しかもふんだんに手に入る。にもかかわらず、労働を通じてこれらの有益な必需品が供給されるのでなければ、パン・酒類・衣服の代用品として、ドングリ・水・木の葉・皮革に頼らなければならない。言い換えると、こういうことである。パンはドングリよりも価値がある。ワインは水よりも価値がある。羅紗《らしゃ》や絹は、木の葉や皮革、地衣類よりも価値がある。それは、ひとえに労働と勤勉のおかげなのだ。

右に挙げた物のうち、一方はありのままの自然界がもたらした食べ物と衣類であり、他方は私たちの勤労が生み出した物資である。両者の価値の差がどれほど大きいか計算してみれば、次のことは一目瞭然である。すなわち、私たちがこの世で享受している物の価値の大部分は、多大の労働によって生み出されているということである。原料を産出する土地は、物の価値において多少なりとも、いや、せいぜいのところ、些少な割合を占めるものとして、かろうじて勘定に入れられる程度である。土地の比重はそれほど小さい。だから、完全に自然任せになっている土地、すなわち牧畜・耕作・栽培などの改良を加えられていない土地は、私たちの間ですら、実態に即して荒蕪地と呼ばれている。そして、調べるまでもなく、そこから上がる利益はほぼ無に等しいということが分かるだろう。

このことは以下のことを示している。第一に、領土が広いよりも、人口が多いほうが好ましい。第二に、土地を増やすことと、それを適切に利用することは、統治の重要な技術である。また、英明で威徳に満ちた君主が、確立された自由の法に訴え、国民のひたむきな勤勉ぶりを権力の圧迫や党派の狭量さから保護し、奨励したとしよう。そのような君主は近隣諸国の君主にとって、たちまち手ごわい存在になるだろう。しかし、これは余談である。本題に立ち戻ることにする。

四三 片や、当地イングランドの、小麦二十ブッシェルを生産する一エーカーの土地。片や、同じように経営されれば同じだけの実績を上げるはずのアメリカの土地。両者は疑いなく、同一の本来的、内在的価値をそなえている。だが、前者から得られる利益が年間五ポンドに相当するのに対し、後者すなわちアメリカの土地から得られる利益は恐らく一ペニー〔当時は二百四十分の一ポンド〕にもならないだろう(インディアンがその土地から得るすべての利益をイングランドで評価、換金してもらうと仮定しての話である)。少なくとも、千分の一に達しないと言っても過言ではあるまい。

したがって、土地の価値の大半は労働に由来するのである。労働を投入しなければ、土地の価値は無に等しいものとなろう。土地から上がるすべての有益な生産物のうち大半は、労働のおかげなのである。現に、小麦畑一エーカーから生産される麦わら・ふすま・パンは、同じように地味《ちみ》豊かな、しかし手を加えられていない土地一エーカーの生産物よりも価値があるが、それは、すべて労働の成果なのである。

私たちの食べるパンは何から成り立っているのか。構成要素として勘定すべきものは、畑を耕す者の苦役、収穫および脱穀にたずさわる者の忍耐、パンを焼く者の汗に尽きるわけではない。以下に挙げる労働を漏れなく勘定し、労働の成果として算入しなければならない。牛を飼育すること。鉄や岩石を採掘・精錬すること。鋤《すき》・製粉機・天火などの生活用具の素材として木を切り倒し、組み立てること――。そのような生活用具は無数にある。そういうものがなければ、小麦の種を播《ま》いてからパンを焼き上げるまでの作業をこなすことはできない。自然界と大地が提供するのは、加工しない限りほとんど無価値な素材だけである。

パン一斤が私たちの食事に供せられるまでの過程を考えてみよう。その過程で労働によって提供される物品や、労働のために使われる物品は多種多様である。仮に、それらの物品を突き止めることができたとしよう。そして、それを列挙したとしよう。きっと、次のような一風変わった一覧表が出来るだろう。鉄、薪《まき》、皮革、樹皮、木材、石、煉瓦《れんが》、石炭、石灰、布地、染料、ピッチ、タール、そして帆柱や帆綱など、船舶において用いられるすべての素材（船舶は、職人がいずれかの作業工程で利用する何らかの用具を運んでくる）。それらの物品を網羅的に数え上げることはほぼ不可能である。少なくとも、その物品一覧表はとてつもなく長大なものになるだろう。

四四. 右に述べたことを総合すると、次のことは明らかである。第一に、自然界の事物は共有物として与えられているけれども、それでもやはり人間は、自分自身のうちに所有権の重要な根拠をそなえているということである。それは、人間がみずからを支配しており、みずからの身体とその行動や労働を自由に処することができることによる。第二に、生活を支え楽にするために投入した労力の大半は、発明や技術によって衣食住の便が向上した場合、完全に本人に属し、決して他の人々との共有物にはならないということである。

四五. このような次第で、最初は、共有物に対して進んで労働を投入すれば、それだけで所有権の根拠となった。ちなみに、共有物の占める割合は昔から圧倒的であった。現在でも共有物は、人類が使い切ることができないほどふんだんに存在する。最初、たいていの人間は必需品を賄《まかな》うにあたって、ありのままの自然が提供する物で満足していた。

しかし時代が下《くだ》ると、世界の一部地域では人間と家畜が増加し、貨幣が使われるようになった。そのために、土地が不足し多少なりとも価値を有するようになった。一部の国は明確な領界を定め、国内法によってその社会に属する個人の所有権を整えた。だから、労働と勉励に由来する所有権を、合意と契約によって制度化したことになる。さらに、さまざまな州［たとえば連邦結成以前のオランダ各州］や王国の中には、それ以外の国の所有地に対する権利を公《おおやけ》に、あるいは暗黙のうちに放棄し、相互に連盟を結ぶところも出てきた。各連盟はそれ全体の同意により、非加盟諸国に対して本来持っていた権利、すなわち天与の共有権を申し立てることを断念した。こうして、明白な合意により、地球上の個々の地域において連盟内の所有権を確定したわけである。

しかしそれでも、探せば、荒蕪地のままになっている広大な土地が見つかる。荒蕪地になっているのは、地元住民がよその住民との間で、共通の貨幣を利用するという合意のもとで結びつくことがなかったためである。そのような土地は、住民が実際に利用していても、あるいは潜在的な利用を勘定に入れても、まだ余っており、したがって共有のままになっている。しかし、貨幣を利用することに同意した人々の間では、このようなことは稀《まれ》である。

四六．世界を共有していた最初の人々は、現在のアメリカ・インディアンと同じように、生計を立てる必要に迫られてモノを探し求めた。その種の純粋に実用的なモノの大半は、一般的に寿命が短い。消費されるか、そうでなければひとりでに腐蝕《ふしょく》して消滅する。ちなみに、金銀およびダイアモンドが価値を持つのは、人々の嗜好《しこう》や暗黙の了解によるのであり、実用性があるとか、生活を支えるのに欠かせないといった理由によるのではない。

それはともかくとして、自然界から共有物として提供された有用物に対しては、使い切ることができる範囲であれば、だれにでも権利があった。そのことは、すでに述べた。また、労働によって働きかけをおこなえば、必ず対象物の所有権が与えられた。すなわち、勤労が及んだ結果として元々の状態が変化すると、労働が向けられた対象物はいずれも勤労した者の所有に帰した。百ブッシェルのドングリまたはリンゴを採取すると、採取したという事実ゆえに、それらの木の実に対する所有権が得られた。採取されたものは、ただちに自分の物となったのである。

注意しなければならないのは、腐らないうちに使い切らなければならないという点だけであった。使い切らないと、自分の取り分を超過し他人の物を奪ったことになるからである。実際のところ、使い切れないほどたくさんの物をたくわえることは、不正であるばかりか愚行でもある。しかし、その一部分なりともだれかに譲り渡し、持ち腐れを避けるなら、それは利用したのと同じである。また、一週間で腐るプラムを、優に一年は食用として保存できるナッツ類と交換するなら、他人の権利を侵さずに済んだことになるし、共同のたくわえを浪費せずに済んだことになる。自分の手中で持ち腐れにした物が何ひとつなかった以上、他の人々の割り前はいささかも損なっていないということになる。あるいは、次のように仮定してみよう。手持ちのナッツ類と引き換えに、色彩に魅せられて金や銀を手に入れる。あるいは羊を貝殻と、羊毛を宝石と交換する。これらの物を一生手元に置いておくとしても、他の人々の権利を侵害したことにはならない。このような、腐蝕することのない品物は好きなだけたくわえても差し支えない。適正な所有の限度を超えるのは、所有物が多いからではなく、何かを持ち腐れにするからである。

四七．このような次第で、貨幣が使用されるようになった。貨幣には何らかの永続性がある。保存しても腐朽することがない。また、相互の合意が成立すれば、生活にとって実際に有用な、しかし腐敗や劣化をまぬかれない物資と交換される。

四八．働きぶりが違えば、得られる財産の量も違ってくる。そのような傾向と同様に貨幣の発明も、財産を維持、拡大する契機となっていた。たとえば、次のような孤島を想定してみよう。まず、そこはおよそ他との交易らしきものからは隔絶している。島内に居住しているのはわずか百世帯だが、羊、馬、牛そのほか有用な家畜がいる。また、滋味豊かな果実が生《な》る。土地はふんだんにあり、十万倍の人口をも支えられるほどの小麦が生産される。だが島内には、貨幣の代わりになるものが何もない。ありきたりな物か、さもなければ腐朽しやすい物しか生産されないからである。このような島において、自分の家族が使用する分を超えて財産を増やさなければならない理由はあるだろうか。家族の消費を悠々まかなえるのであれば、それだけで十分である。ちなみに必要な物は、自分自身の勤労によって生産されることもあれば、傷《いた》みやすいけれど有益な品物と引き換えに他の人々から得ることもある。

永続性と、たくわえるに足る稀少価値。その両方をそなえた品物がないと、土地所有を拡大しようとする気運は起こらない。よしんばその土地が豊饒《ほうじょう》で、しかも、取りたい放題であったとしてもである。それは、次のような問いかけをしてみれば分かる。仮に、一万エーカーないし十万エーカーの良質な土地があるとしよう。それはすでに開墾されていて、そこでは家畜もたくさん飼われている。だが、場所はアメリカの内陸部である。世界の他の地域との交易は絶望的で、生産物を売って金を稼ぐことなど思いもよらない。このような土地はどのように評価されるのだろうか。囲い込みをするには値しない。いったん囲い込みがおこなわれても、本人とその家族の衣食住をまかなうのに必要な土地だけは取りのけられたうえで、その土地はふたたび元の荒廃した共有状態に戻されるであろう。

四九．このように、原初の世界はアメリカ並みであった。いや、現在のアメリカの比ではなかった。というのも、どこへ行っても、貨幣というものは知られていなかったからである。だが、近隣の人々の間で、貨幣としての機能と価値をそなえているものが何かしら見つかると、事態は一変する。それまで囲い込みなどする気がなかった人でも、にわかに蓄財を始めるのは見てのとおりである。

五〇．ところで、食料・衣服・馬車に比べると、金銀は人間の実生活にあまり役立たない。金銀の価値はもっぱら人間の暗黙の了解に由来する（それでもやはり価値は大部分、労働にもとづいて測られるが）。そうである以上明らかなのは、人々が不均等かつ不平等な土地保有に合意したに等しいということである。自発的な暗黙の了解のおかげで、便法が見つかった。保有する土地があまりにも広大で生産物を使い残したとしても――余剰生産物と引き換えに金銀を受け取りさえすれば――不当ではないということになったのである。金銀は、所有者の手元で傷んだり腐ったりすることがないので、だれの権利も侵害することなく蓄えることができる。人々が金銀に価値を置き、貨幣の使用について暗黙のうちに合意すると、ひとえにそのことによって、私有財産の不平等を招きつつモノを分配することが、社会の境界を越えて、しかも契約抜きで実行可能になった。統治がおこなわれていれば、所有権は法律によって定められ、土地所有は実定法によって根拠を得るからである。

五一．このような次第だから、次のことは難なく理解できよう。それは、自然界の共有物に対する所有権が最初、労働に始まり、使い切れる範囲内でしか所有を許されていなかったということである。だから当時は、所有権をめぐって争いが起こる理由はなかった。また、所有権どおりの所有であれば、その多寡が問題にされることはなかった。権利と便益は一体であった。なぜか。いかなるものに対しても、労働を加えさえすれば所有権が得られるので、自分で利用しきれないほどたくさんのものを得ようとしてまで労働する気が起こらなかったからである。ここには、所有権をめぐる紛争であるとか、ほかの人々の権利に対する侵害といったことが起こる余地はなかった。自分の分け前として切り取った部分が大きいか小さいか、それは一目瞭然であった。切り取った分量が多すぎて必要量を超えていれば、それは不正であるばかりか、無益なことだったのである。

第六章　父権について

五二　本書の類《たぐい》の論文において、世間で通用している言葉や名称に注文をつけると、出過ぎた批判だとして責めを負うかもしれない。しかし、この父権という言葉のように、旧来の名称が誤解を招きやすい場合は、新しい名称を提案してもあながち的外れではあるまい。父権という言葉を使うと、あたかも親権《しんけん》は父親が独占し、母親はそれに与《あずか》らないかのような印象になる。ところが、理性または啓示に照らすなら、母親にも同等の権利があることが分かる。そうだとすると、「父権はむしろ親権と称したほうが妥当なのではないか」という疑問が生じたとしても無理はない。根拠はこうだ。自然の摂理が働いており、親には子をもうける権利がある。子どもは、そこから生じる義務に縛られるからには、そうした義務を共同で発生させる父親と母親のどちらにも同じように従わなければならないはずだ。それは疑う余地がない。

したがって、見てのとおり、明文化された神の掟《おきて》は子に服従を命ずるとき常に、両親を差別することなく同等に扱っている。新約聖書および旧約聖書は、次のような調子である。「汝《なんじ》の父母《ちちはは》をうやまえ」（「出エジプト記」第二十章第十二節）。「すべてその父またはその母を詛《のろ》う者はかならず誅《ころ》さるべし」（「レビ記」第二十章第九節）。「汝らおのおのその母と父を畏《おそ》れるべし」（「レビ記」第十九章第三節）。「子たる者よ、汝ら両親《ふたおや》に順《したが》え」（「エフェソの信徒への手紙」第六章第一節）。

五三．この一事《いちじ》だけでも十分に考察していたならば、問題をこれ以上掘り下げなくても、人々は親権に関してあれほど由々しい誤謬《ごびゅう》を犯さずに済んだのではなかろうか。父権と称され、あたかも父親に独占されているかのような外見を保っていた親権は、絶対的な支配権であるとか君主並みの権力であるとか称されたとしても、さほど耳障りではなかったろう。しかしそのような親権は、わが子を支配する仮想上の絶対的権力が両親の権限であると公言されていたならば、奇異にしか感じられなかったであろう。また、まさに名称の点でつじつまが合わないということが明らかになっていただろう。そして、親権が母親にも属しているという事実が露呈していたであろう。右のことが隠蔽《いんぺい》されていたのはなぜか。母親も親権に与《あずか》るという説を突きつけられると、いわゆる「父としての地位」に絶対的な権力と権威があると強く主張する人々にとって、迷惑千万だからである。そして、彼らの擁護する君主制を支えることが、むずかしくなっていたに違いないからである。なるほど、ほかならぬ親権という名称を用いると、一人支配の根拠となるべき基本的な権威が、二人の人間によって共有される形になる。しかし、さしあたり名称の問題はここまでにしておこう。

五四．すでに本書第二章で、「人間はみな、本来的に平等である」と述べた。しかし、私があらゆる種類の平等を念頭に置いていると考えてもらっては困る。年齢や人徳が上であれば、立場は上になるのであり、それはもっともなことである。能力や功績が優れていることによって人並み以上と見なされることもある。出自や縁戚《えんせき》、縁故が物を言うこともある。その場合、周囲の人々は自然の情や義理、さらには打算に応じて敬意を払ってくれる。だがこれらのことは、万人が身を置いている平等状態——人が人を裁《さば》いたり治《おさ》めたりするという観点から見た平等性——と何ら矛盾しない。そのような平等性については、今検討中の問題に固有のものとして、本章に先立って論じた。それは、各人に与えられている平等な権利のことである。各自はそのおかげで、他の人々の意志や権威に従属することなく各自の天与の自由を享受できる。

五五．子どもは、生まれながらにしてこの完全な平等状態にあるのではない。もっとも、やがてそうなるように生まれついているのであるが。この世に生まれたとき、そしてそれからしばらくの間、子どもは親の、一種の支配権と裁判権に服する。しかし、それは一時的なものでしかない。このような支配のきずなは、いわば産着《うぶぎ》のようなものである。かよわい幼児は、それにくるまれて、身を守られる。成長し、年齢と理性が加わるにしたがって、産着はゆるめられ、最後には脱ぎ捨てられる。そこに残るのは、自由にふるまうことのできる一個の大人である。

五六．アダムは完全な人間として創造された。アダムの肉体と精神には、体力と理性が申し分なくそなわっていた。だから、この世に出現したその瞬間から、アダムは自立し自活する能力があった。また、天与の理性の法を宿しており、それの命ずるところにしたがって自分の行動を律する自制心もあった。

アダム以来、世界にはアダムの子孫が住むようになった。アダムの子孫はみな、かよわい嬰児《みどりご》として生まれる。生まれたときは、面倒を見てもらわなければ生きていけない。また、物事も分かっていない。しかし、このような不完全な状態の、欠けた部分は補わなければならない。欠けたところはいずれ、子どもが成長し年齢を重ねることによって埋まる。その時点まではアダムとイヴが、そして後代になるとすべての両親が、自然法に従ってわが子を保護・扶養・養育する義務を負った。子どもは両親の所産ではなくて、両親を創造した全能の神の所産だからである。両親は子どものことについて、神に対して責任を負っているのである。

五七. アダムを支配する法は、アダムの子孫全員を支配する法と同じく、理性の法であった。だがアダムの子孫は、アダムとは別の生まれ方をする。自然に誕生するのである。それゆえに生まれた時点では無知であり、理性を働かせることもなかった。だから、ただちに理性の法の支配下に入るわけではなかった。その理由はこうである。第一に、何人《なんぴと》も、自分に対して布告されていない法の支配は受けない。第二に、この法はもっぱら理性を通じて通告されるので、自分自身の理性を働かせるに至っていない者は、この法の下《もと》にあるとは言えない。

さらに言うと、アダムの子孫は生まれてすぐにこの理性の法の支配を受けるわけではないので、生まれた当初から自由というわけではなかった。これは、理屈をこねているのではない。本来の法は、自由で分別《ふんべつ》のある行為者を縛るのではなくてむしろ、当人の真の利益に向けて導くものである。また、法の下に置かれている人々の公益に必要なことだけを命ずるのであって、それ以上のことを命ずるものではない。仮に、法が存在しないことによってかえって人々が幸福になれるのであれば、法は無用の長物として自然に消滅するはずである。法は、私たちが沼や崖下に転落するのを防いでいるにすぎない。それをくびきと称するのは不当である。したがって法の目的は、いかに誤解されようとも、実は自由を奪ったり縛ったりすることにあるのではない。逆に、自由を保ち広げることにあるのだ。というのも、法を受け入れる被造物にしてみれば、いかなる立場にあろうとも、法がなければしょせん自由はないからである。なにしろ自由とは、他人から制約や暴力を受けない状態であり、それは、法を欠くと成立しないのだから。

自由はしかしながら、世上の風説とは異なり、各自がみずからの欲することを勝手にしても構わないということではない（というのも、自分以外の一人ひとりの恣意によって支配されかねないとすれば、自由でいられる者はいないからである）。むしろそれは、自分の服する法律の許容範囲内で、自己の身体、行動、持ちもの、さらにはすべての所有権を意のままに処分、処理しても差し支えないということなのである。ただしその際、他人の恣意ではなく自分の意志に進んで従うわけであるが。

五八．以上のような次第で、両親がわが子に対してふるう権力は、未熟な状態にある子どもの面倒を見るという義務から派生する。両親は、物心《ものごころ》のついていない幼児に物の考え方や身の処し方を教える。やがて、両親に代わって本人の理性が導き手になり、親は肩の荷を下ろす。そのような躾《しつけ》は子どもの望むところであり、また両親の義務でもある。

それは次のような理由による。人間は神から、自分のふるまいを律するための分別《ふんべつ》を与えられている。そして、当然のことながらそれにともなって、自分の服する法を超えない範囲で、意志と行動の自由も許されている。だが、自分の意志を導いてくれる自前の分別がそなわるまでは、貫くべき自前の意志など持ちようがない。それまでは、本人に代わって分別を働かせる者が、本人に代わって意志を働かせ、本人の意志に対して指図を与え、その行動を律してやらねばならない。しかし、かつて父親が成年に達することによって自由人になったのと同じように、息子もやはり、成年に達すると自由人になるのである。

五九．このことは、自然法であれ国内の実定法であれ、人間を支配下に置くあらゆる法律に当てはまる。まず、自然法の支配下に置かれている場合。自然法のもとで自由の身になれたとすると、それは何のおかげなのか。また、自然法の範囲内で自分自身の意志に従って自由に財産を処分することができるようになったとすると、それはいかなる根拠にもとづいているのか。答えよう。そのようなことが可能になったのは、成熟した状態に達したからに他ならない。成熟した状態とは、自然法をわきまえているはずの、したがって自然法を踏み外さないように行動することができる状態である。そのような状態に達すると、どの程度まで自然法を自分の指針とすべきか、また、どの程度まで自分の自由を行使できるのかをわきまえていると見なされる。そして、自由を与えられる。その段階に至るまでは、だれかに導いてもらわなければならない。導き手となるのは、自然法がどの程度まで自由を許容するのかを心得ている者である。こうした理性の状態ないし分別のある年齢に達すると、自由が得られる。父親の場合そうだったとすれば、同じ条件が整い次第、その息子もやはり自由になるはずである。

さて次に、イングランド法の支配下に置かれている場合を考えてみよう。イングランド法のもとで、自分の行動と所有物を法の範囲内で思いどおりに処する自由が得られたとすると、それは、イングランド法に対する心得ができたからに他ならない。そのような心得が身につくのは、同法によれば二十一歳か、場合によってはそれより早いと想定されている。こうして父親が自由になったとすれば、息子も同様にして自由になるはずである。知ってのとおりその段階に達するまで、イングランド法の定めるところにより、息子は自分の意志を通すことを許されない。息子は、自分の代わりに身の処し方を判断してくれる父親または後見人の意志によって導かれることになっている。仮に父親が、この後見役を果たす代理人を立てないまま亡くなったとする。それはすなわち、未成年の、したがって物心のつかない息子の監督役を定めておかなかったということである。その場合は、法律が後見人の指名を取り計らう。そして、だれか他の者が監督を引き受け、息子の意志の代わりをせねばならぬ。そのような事態は、息子が自由の状態に達し、分別が意志を制御するのにふさわしいものとなるまで続く。

しかしそれ以降は、後見人と成年に達した被後見人の関係がそうであるのと同じように、父親と息子は等しく自由になる。また、同じ法に等しく服従する。そして父親には、息子の生命・自由・財産に対する支配権は残されない。それは、自然状態および自然法のもとにあっても、確立した政府の実定法のもとにあっても同様である。

六〇．だが、通常の自然な成長過程から外れて欠陥が生じるということはあり得る。そのため、一定程度の理性を獲得できないケースもあろう。そうなると、法律をわきまえることができないし、法律の定めるところに従って生きてゆくこともできない。そのような者は、決して自由人にはなれないし、自分の思いに身をゆだねることは許されない（なぜなら、際限なく願望を募らせながら、願望を正しく導く分別を欠いているからである）。そして、自分の願望を、自分の分別を働かせて正しく導くことができないとすれば、必ず他人の後見と監督のもとに置かれたままになる。

だからこそ狂人や白痴は、決して両親の監督から解き放たれることがないのである。フッカーは次のように述べている。「第一に、指針とすべき正しい理性を行使できる年齢に達していない者。第二に、先天的な障害によってそのような理性を用いることのできない白痴。第三に、当面とてもそれができそうにない狂人。こうした人々は、後見人の理性を導き手とする。後見人は、本人に代わって本人の利益を計る」（前掲『政治機構としての教会』第一篇第七章）。

このようなことはことごとく、神と自然界が人間とその他の被造物に課した義務、すなわち子を、自立するまで保護するという義務であって、それ以上のものではなさそうである。それは、両親が帝王さながらの権力を握っているなどということの実例にもならないし、証拠にもならない。

六一．このように私たちは、生まれつき理性をそなえているからこそ、生まれつき自由なのである。ただし理性と自由のどちらも、現実に最初から行使できるというわけではない。どちらか一方を行使できる年齢になると、もう一方も行使できるようになるのである。こうして見ると分かるのは、生まれつきの自由と両親に対する服従が両立すること、また、その二つのことはいずれも同じ原理にもとづいているということである。子どもは分別がつくまでの間、父親の権限、父親の分別に支配されることになる。そして、そのようなものが作用しているからこそ自由なのである。分別をそなえた人間が自由であるということと、その年齢に達するまでは両親に従わなければならないということ――この二つのことは両立するし、区別して捉《とら》えられる。

したがって、父権に依拠して君主制を盲目的に擁護する論客ですら、そうした違いを見落とすことはできない。そして、極度に頑迷《がんめい》な者でも、この二つのことが両立することを認めないわけにはいかない。論拠を示そう。まず、彼らの説がすべて真であると仮定しておく。そして今、アダムの正統な相続人が判明しており、そのような血統を根拠として君主が王位に就いているとする。その権力は、ロバート・フィルマーの言う絶対的かつ無制限の権力である。そうした権力を有する君主が世嗣《せいし》の誕生後間もなく亡くなると、残された世嗣はそれまでになく自由の身になり、だれよりも抜きん出た存在になる。そうなると、もはや母親や乳母、後見人や傅育係《ふいく》に服従しなくてもよいのだろうか。そうはならない。いずれ加齢と教育によって理性をそなえ、自分自身と他人を律する力を得るようになるまでは、やはり服従しなければならない。それまでの間は、自分自身の意志ではなく、ほかの人々の意志によって導いてもらわなければなるまい。さもないと、生活上の必要を満たし、身体を健やかにし、精神を養うことはできない。しかし、だからといって、次のように考える者はいない。「このような束縛と服従は、幼君が本来享受すべき自由や主権と背馳《はいち》する」。「幼君から自由や主権を奪ったことになる」。「未成年の君主を教え導く者が、統治権を譲り受けたことになる」。このような監督を受けることによって、幼君はどうなったであろうか。統治能力を首尾良く、しかも早々と身につけた。それだけのことである。

それでは、もしだれかから、「息子さんが自由人となるべき年齢に達するのはいつか」と尋ねられたらどうか。そのときはこう答えよう。「それは、君主が統治するにふさわしい年齢に達するのとまったく同じ時期である」。賢人フッカーは次のように述べている。「人はいつになれば、理性の用い方を身につけ、行動の指針となる法律を十分に心得たと言えるのか。それは、習練や習得に頼るより、常識で判断したほうがはるかに容易である」（前掲『政治機構としての教会』第一篇第六章）。

六二．人は、ある時期を迎えて初めて自由人として行動し始める。そもそも国家からしてそのことを配慮、容認している。そして、その節目を迎えていない者に対して国家は、国のおこなう統治に対して忠誠や献身の誓いを要求しない。また、そのほかの表立った恭順の意や服従を要求しない。

六三．人間は理性をそなえている。それを根拠として人間は自由の身となり、みずからの意志に従って行動することを許されるのである。人間は理性を通じて、身を律する際の拠《よ》り所となる法を教わる。また、どこまで自分の思いに身をゆだねても差し支えないのかを知る。

しかるに、自分自身を導くだけの理性をまだそなえていない者を放任し、無制限の自由をむさぼらせるなら、それは、本人の生まれつきの特権である自由を容認したことにならない。むしろ、野獣の群の中に放り出し、野獣と同じように悲惨な、人間よりはるかに劣る状態に放置したに等しい。だからこそ両親の手には、未成年のわが子を教え導く力が与えられるのである。神は、子どもの面倒を見ることを両親の務めとし、両親に慈《いつく》しみと思いやりという好ましい性向を持たせた。両親は子どもの幸福を図るために、力を加減し、神の叡智《えいち》の計らいに従って力を用いなければならない。子どもが両親の力に服す必要のある限り、それは続けられる。

六四．このように子どもを世話するのは、親の義務である。一体いかなる理由があって、そのような義務が父親の絶対的、恣意的支配へと格上げされるのか。父親の権力には限りがある。せいぜい以下のことをするだけである。子どもを、本人にとってでも人様にとってもできるだけ役に立つような人間に育てること。そのために最適の体力と健康、精神力、そして素直な心を身につけさせること。それを実現するための方法として、最も効果的と判断される躾《しつけ》をほどこすこと。また、窮状におちいった父親がやむなく子どもたちを働かせることもあろう。ただしそれは、子どもたちが生計を立てるために働くことのできる年齢に達していればの話である。いずれにせよ、このような権力には、父親ばかりか母親も与《あずか》っているのである。

六五．いや、それどころか、父親がこのような権力を有するのは、何か特別な自然権に拠《よ》るのではない。むしろ、子どもの保護者であるからにすぎない。したがって、子どもに対する世話を放棄すれば、子どもに対する権力を失う。父親の権力は、扶養および養育と表裏一体の関係にあり、扶養および養育から分かつことはできない。そのような権力は、実の父親と同様、捨て子の養父にも発生する。逆に、単に子どもをもうけたからといって、それだけにとどまって以後の世話を怠り、また、それだけを根拠として父親としての面子《メンツ》を保とうとするなら、子どもに対する権力はほとんど与えられない。

世界には、こうした父権がこの先どうなることかと案じられる地域もある。一人の妻に複数の夫がいるような土地や、アメリカの一部の地方がそれである。後者においては、日常茶飯事となっている離婚に際して子どもが全員母親の側に引き取られ、母親について行く。そして、完全に母親の保護と扶養のもとに置かれる。また、幼いうちに父親を亡くした場合はどうか。子どもは当然のことながら、その所在と関係なく成年に達するまでの間、母親に服従する義務があるのではないか。ちょうど、父親が生きていれば父親に対してそうしたのと同じように。その場合でも、次のように主張することはできまい。「母親は子どもに対して立法権を持っている」。「母親は、子どもを永遠に縛る恒常的な決まりをもうけることができる。そして、それにもとづいて、子どもの所有権に関わるすべての事柄を管理し、子どもの自由をその人生行路の先々まで束縛するのが当然である」。また、母親は死刑をもってそのような決まりを子どもに守らせることができるかというと、それもできまい。なぜなら、これは為政者に固有の権力であり、そもそも父親とて、そのような権力は微塵《みじん》も持っていないからである。

子どもに対する父親の支配は一時的なものにすぎず、子どもの生命や所有権に及ぶものではない。それは、未成年期のひよわさ、未熟さを補っているだけであり、子どもを鍛えるのに必要な躾《しつけ》にすぎない。子どもが窮乏のために命を失いかねない場合は別として、父親は自分自身の財産を思いのままに処分することを許されるが、その権力は子どもの生命や財貨に及ぶものではない。後者すなわち財貨に関して言うと、それが、子ども本人が汗水たらして働いた成果であるか、それともだれかから恵まれたものであるかは無関係である。父親の権力はまた、子どもが分別のある年齢に達してひとたび自由になると、その自由には立ち入れない。その時点で父親の支配権には終止符が打たれる。父親はそれ以降、他人の自由を好き勝手にできないのと同じように、息子の自由を好き勝手に扱うことはできないようになる。こうした次第で父親の支配権は、絶対的な、あるいは永続的な支配権からはほど遠いものとならざるを得ない。人は、「父母のもとを離れて妻と一体となる」（「創世記」第二章第二十四節）ことを、神の権威によって許されている。そうであればこそ、父親の支配から離れることができるのである。

六六．父親自身が他人の意志に服従することをまぬかれているのと同じように、子も、父親の意志や命令に服従することをまぬかれる時を迎える。その時期になると父子ともに、何物にも縛られない状態に置かれる。ただし、自然法にせよ国内法にせよ、父と子の双方を共通して拘束する法はあるけれども。

しかし、このように自由の身になったからといって、両親をうやまわなくても構わないということにはならない。両親をうやまうということは、神の法、自然の法により義務と定められている。神は親たちに、人類の存続という偉大な計画を担《にな》わせ、子どもの命を点《とも》すという役目を与えた。そして、子どもを扶養・保護・養育する義務を負わせた。神はそれとならんで、両親をうやまうという終生の義務を子に負わせた。子の義務には、敬服と敬愛の念を遺憾なく表現することも含まれている。子は、両親の幸福と生命を損なう、傷つける、妨げる、危うくするなどの行為はすべて慎まなければならない。両親は、幸福と生命を与えてくれた恩人なのである。子はまた、両親を守る、楽にする、助ける、寛《くつろ》がせるなど、あらゆる孝行に励まなければならない。子は両親のおかげでこの世に生を与えられ、人生の楽しみを味わうことができるのだ。いかなる立場を占めようとも、いかなる自由を得ようとも、この義務をまぬかれることはない。

しかしだからといって、両親に子を支配する権力があるとか、法律を設け、子の生命や自由を好き勝手に左右する権限があるとかいうことには決してならない。尊敬・感謝・助力を捧げなければならないということと、絶対的な服従を強いられることは、別のことである。母親に接するにあたっては、玉座に就いている君主といえども、親に対して当然ささげるべき敬愛の念をもって臨まなければならない。だが、そうしたからといって、己《おの》が権威を損なうことにはならないし、母親の支配に服従することにもならないのである。

六七．未成年者が服従するので、父親は一時的に支配権を得る。そのような支配は、子どもの未成年期が終わると同時に終わる。子どもに両親をうやまう義務があることから、両親には以下の、終生の権利が生ずる。すなわち、大事にされる。うやうやしい扱いを受ける。助けを得る。言いつけを守らせる――。しかし、このような権利は大きくもなれば小さくもなる。それは、父親が子どもの養育にあたってどれほど面倒を見たか、どれほど費用をかけたか、どれほど愛情を注いだかに応じて決まる。この終生の権利は、わが子が成年に達するのと同時に終わるわけではない。それは、当の子どもが生きている限り有効なのである。子どもがどのような境遇に置かれているかは関係ない。

このように、二つの権力があるわけだ。一方は、父親が、未成年の子を監督する権利として持っている権力。他方は、生涯にわたってうやまってもらう権利としての権力。この件に関する誤解の大半は、恐らく、この二つが区別できていないことから生じているのであろう。なにしろ、適切な言い方をするなら、前者はむしろ子の特権であると同時に両親の義務であって、父権という特権ではないのだから。子を扶養し教育することは、子の幸福のために両親に課せられた重い責任である。したがって、いかなる事情があるにせよ、両親はそれに対する配慮を免除されない。

それだけではない。この責任には命令したり罰を与えたりする権力がともなうとはいえ、神は人間性の根本に、わが子を慈《いつく》しむという本能を刻み込んでいる。だから、両親が容赦なく権力を用いる心配はほとんどない。厳しすぎるという方向での行き過ぎは稀《まれ》である。人間の本性にそなわっている強固な傾向が、子どもを甘やかす方向に働くからである。だからこそ、全能の神はイスラエル人に対する寛大な懲《こ》らしめを言葉で示すとき、次のように述べるのである。げに戒《いまし》めたり。なれど、「人がわが子を戒むるがごとく（すなわち、慈愛をもって）戒めたり」（「申命記」第八章第五節）。そして神は、イスラエル人を厳しい規律に服させたが、それは、彼らにとってちょうど程《ほど》よいものであった。それをゆるめていたら、かえって彼らのためにならなかったであろう。これぞまさに、子を従えるあの権力である。子が服従を求められるのは、両親の苦労や手間をふやしたり徒労に終わらせたりしてはならないからである。

六八．一方、両親をうやまうこと、支えることは、いずれも両親に恩返しするのに必要な事柄である。それは子にとって、欠かすことのできない義務であり、両親にとっては固有の特権である。これが両親の利益を計るものであることは、教育が子の利益を計るのと同様である。ただし、両親の義務である教育のほうが、大きな権力をともなうように見える。幼少期には物を知らない上にわがままときているので、子どものふるまいを慎ませたり矯正《ただ》したりする必要が生ずるからである。これは、明らかに監督がおこなわれているのであり、一種の支配である。

これに対して、「うやまう」という言葉によって了解される義務の場合、これほど厳しい服従は求められない。ただし、長じてからのほうが義務感が強くなるけれども。考えてもいただきたい。「子たる者よ、汝の両親に順《したが》え」という教えがあるからといって、子を持つ成人であっても、幼いわが子がするのと同じように、自分自身も父親に服従しなければならないのだろうか。また、父親が自分には権威があるのだという考えにとりつかれて、一人前の息子を無分別にも少年扱いする場合でも、息子には、そのような父親の命令に一から十まで従う義務があるのだろうか。そう考える者はいない。

六九. 父権の第一の部分はむしろ教育という義務であるのだが、それは、右のような次第で父親に帰属し、一定の時期になると終わりを迎える。すなわち、教育という仕事が終わると同時に自然に消滅するのである。教育という義務はまた、その時期を迎える前に他人に譲ることもできる。というのも、息子の教育を他人の手にゆだねることが許されているからである。また、他人に息子を徒弟として預けた場合、年季が明けるまでの間、父親は自分たち夫婦に対する服従の義務を解いたことになる。

しかし、それにもかかわらず、親を敬《うやま》うというもう一方の義務はそっくりそのまま残るのである。いかなる事情があろうとも、子どもはそれを免除されない。それは父母のいずれとも分かちがたく結びついており、父親の権威をもってしても、母親からその権利を剝奪《はくだつ》することはできない。また、何人《なんぴと》の働きかけがあろうとも、息子は生母をうやまう義務から解放されはしない。

しかし、この二つの父権はいずれも、法律を制定する権力からほど遠い。また、財産・自由・身体・生命にかかわる刑罰によって法律を強制する権力ともまったく異なる。監督する権力は、子どもの未成年期と同時に終わる。確かに、未成年期が過ぎたあとも息子は、尊ぶ、敬う、助ける、守るなどのあらゆる親孝行を、終生、尽くさなければならない。このような孝行は、欠かすわけにはいかない。労せずして浴することのできる最高の恵みに対して、恩返しをしなければならないのだから。

だが、それらの義務をすべて足し合わせても、父親の手に王笏《おうしゃく》を与えることにはならないし、至高の命令権力を与えることにもならない。父親は、息子の財産や行動に対して何ら支配権を持たないのである。また、あらゆる事柄において自分の意志を押しつけ、息子の意志を従えるといったやり方も、これまた許されない。もっとも、息子に似つかわしい行《おこな》いというものはあろう。それは、息子本人やほかの家族にとってあまり不都合にならない多くの事柄については、父親の意志に敬意を払うということである。

七〇．人は、古老や賢者を敬い、尊ばなければならない。子どもや友人を守ってやらねばならない。恵まれない人々に救いの手を差し伸べ、生活を助けなければならない。恩人には、持てる物と持てる力を出し尽くしても十分に報いることができないほど重い恩を、しっかり返さなければならない。

しかし、これらの義務がすべて重なり合っているからといって、義務を負っている当人を支配するために法律を設けてもよいものだろうか。そのようなことをする権限や権利は、だれにもない。

しかも、次のことは明らかである。すなわち、単に父親という名があるだけでは、こうした義務をことごとく要求するわけにはいかない。なぜか。すでに述べたように、母親も、そのような義務を尽くしてもらう立場にあるからだ。また、両親に対するこれらの義務やその拘束力が一定ではないからだ。それは、子どもにかかる世話・配慮・面倒・出費がまちまちであることによる。往々にして、ある子どもにかかるものは、ほかの子どもよりも多くなりがちである。

七一．右の説明は、以下の問いに対する答えになっている。君主の支配する社会にいながら、両親はなぜ、わが子を服従させる力を持っているのか。また、なぜ、子を服従させる権利を、自然状態に置かれた両親と同じ程度に持っているのか。理屈としては、そうならないこともあり得る。政治権力が隅々に至るまで純然たる家父長的な権力であって、しかも実際に両者が一体化している場合がそれである。というのも、そのような場合、家父長的権力（父権）は余すところなく君主の手中に収められ、臣民は当然のことながら、親としての権力には与《あずか》れないからである。

しかし、この二つの権力、すなわち政治的権力と家父長的権力（父権）は完全に別個のものであり、別々の基盤を支えとしているのである。その目的もまったく異なっている。だからこそ父親である各々の臣民は、君主がわが子に対して父権を持っているのと同じ程度に、わが子を支配する父権を有しているのである。一方、両親のいるそれぞれの君主は、最下層の臣民が両親に対してそうするのと同じように、両親に尽くし従わなければならない。このような次第で父権には、君主ないし為政者の持っている支配権、すなわち臣民を支配する権力はいささかも含まれていないのである。

七二　両親は、子どもを育てる義務を負っている。子どもは、親をうやまう義務を負っている。その際、一方では権力の独占が、他方では服従がおこなわれている。それは親子関係に特有のものである。

しかし、父親は通常、もうひとつ別の力をそなえており、それを用いて子どもの従順な態度を確保している。そのような力は、父親という立場にない者にも与えられることがあるが、たいていの場合、家庭において父親が発揮するのが普通である。家庭以外の場所では実例が稀《まれ》であり注目度も低い。こうしたわけで世間では、そのような力は父権の一部として通用している。それはすなわち、これぞと思う相手に財産を遺贈する権力のことである。人々は一般的にそのような力を持っているのである。父親の遺産はそれぞれの国の法律と慣習にもとづいて、通常、一定の比率で相続される。子どもの側にしてみれば、遺産がどれだけ入ってくるか見当がついており、その目算に沿って相続がおこなわれる。それでも父親たる者は、通例、子どものふるまいが自分の意向や心情に沿っているか否かに応じて、遺産配分の比率を変える力を持っているのである。

七三　これは、子どもの服従をつなぎ止める強力な紐帯《ちゅうたい》である。また、土地を所有していると、それにともなって必ず、土地の帰属先である国の政府に従うことを余儀なくされる。かくして、広く次のように考えられてきた。父親は、自分自身が臣民として服属している政府に、自分の子や孫を従わせることができる。また、父親の結んだ契約はその子や孫を拘束する――。ところが、そのような束縛は、付随的な必要条件にすぎない。つまり、土地という、政府のもとにある資産を相続するのにともなって発生する条件にすぎないのである。そのような拘束力は、そうした条件のもとで土地なり資産なりを受け取る見込みのある人々にしか及ばない。したがってそれは、本来的な拘束や取り決めではない。むしろ、自発的な服従なのである。なぜそう言えるのか、次のことを考えてみれば分かる。子どもは生まれつき自分の父親や祖父と同じように自由であり、そのような自由を享受している限りは、どこの社会の一員になるか、あるいはどこの国の支配に身をゆだねるかを選ぶことができる。しかし、父祖の遺産を相続したいと願うならば、父祖がかつてそうしたのと同じ条件で相続をしなければならない。そして、相続した財産から派生するあらゆる条件に服さなければならない。このような力が働いているために、子どもは未成年期を過ぎても父親に服従せざるを得ない。また、父親の意向に沿って何らかの政治的権力に従うこともごく普通のことである。

しかし、それはいずれも、父親という立場に特有の権利が作用したからというわけではない。そうではなくて、父親の握っている遺産が報奨として作用した結果なのである。報奨によって子どもは服従する気になり、服従した子どもは報われる。それと同様の力を、たとえば、あるフランス人があるイングランド人を相手に発揮することもあり得る。それは、「遺産がころがりこむ」という期待感を相手に持たせた場合である。その場合、フランス人はイングランド人の服従をがっちりつなぎ止めることができよう。それは確実である。そして、遺産が残されたときにそれを享受したいと願うなら、イングランド人には義務が生ずる。すなわち、遺産を受け継ぐに際して、その土地の帰属先（国）における土地所有の条件を守らなければならないということである。それは、その土地がフランスにあろうと、イングランドにあろうと同じことである。

七四　さて、結論を述べよう。父親の命令権限は、未成年期の子どもにしか及ばない。また、未成年期の子どもをしつけたり導いたりするのにふさわしい程度を超えるものではない。確かに子は、終生、いかなる境遇にあろうとも親をうやまい、かつ大事にし、古代ローマ人が孝行の精神と称したものを、遺憾なく発揮しなければならない。その際、両親を助け守るという義務も最大限に果たすことが求められる。しかし、子の側にそのような義務があるからといって父親は、支配の権力を与えられるわけではない。すなわち、法律をもうけるとか、子に刑罰を科するといった権利を与えられはしない。また、子のさまざまな義務がすべて重なり合っている場合でも、父親は息子の所有権や行動を思いのままにすることはできない。

しかし、歴史をさかのぼればどうか。世界の揺籃期《ようらんき》には人口が希薄であったので、各戸が離ればなれになって無人の地に入ることが許されており、先住者のいない場所に移住、入植する余地があった（地域によっては今でもそうだ）。そのような時代であれば、父親が一家の君主になることはいとも容易《たやす》いことであった。それは想像に難《かた》くない。＊子どもは生まれて間もない時期から父親に支配されてきた。そして、何らかの統制がなければ共同生活を営むことはむずかしいであろうから、子どもは成人したとき、明示的な、あるいは暗黙の同意によってそのような統制を父親に続けてもらうのが常であった。しかも、それが何の変化もなくそのまま続くと見た上でそうしたのである。その際、必要とされたのは、実際には以下のことだけであった。自然法を執行する力は、自由人ならだれもが本来的にそなえているにもかかわらず、家庭の中では父親だけがそれを行使するものとする。そうすることによって、子どもたちが家庭内にとどまる間、君主的権力を父親にゆだねる――。

しかし、それは決して父権にもとづくのではなく、子の同意にもとづいているにすぎなかった。そのことは以下のことから明らかである。仮によそ者が偶然に、またはある所用で、ある一家を訪れたとしよう。そして、そこの子どもを殺害するか、あるいはその他の悪事を働いたとしよう。間違いなく、子どもの父親は犯人の罪を問い、犯人を処刑するか、その他の罰を与えるであろう。処罰の要領は、わが子を罰する場合と同じである。だが、わが子でない者に対してそのような罰を与えることは、父権を根拠にしたのでは許されない。それは、自然法を執行する力に訴えて初めて許されることである。父親は一個の人間として、そのような力に訴える権利を持っていた。しかも、一家の中で犯人を罰することができる立場にあるのは父親だけであった。というのも家庭内では、子どもが父親をうやまっており、したがってそのような力を行使することを差し控え、父親の威厳と権威に服していたからである。家族のだれよりも父親に威厳と権威があるべきだ。それが、子どもの望むところであった。

原注＊「したがって、大哲学者アリストテレスの見解は決して絵空事などではない。アリストテレスによれば、戸主は常に、いわば王であった。したがって、各戸が寄り集まって共同社会を形成すると、そのような王たちが共同社会の最初の支配者となった。そのことはまた、戸主から支配者へと転じた人々がその後も父という名で呼ばれ続けた理由でもある。『創世記』のメルキゼデクが従っていた、いにしえの統治者の習慣も、恐らく同じ理由から生じたのであろう。彼ら統治者は王でありながら、祭祀《さいし》も執《と》り行ったのであった。それは最初、戸主の仕事であった。しかしながら、世に受け入れられた統治の種類は、右のものに尽きるわけではない。ある種の統治に不都合が生ずると、ほかのさまざまな統治方法が工夫された。したがって、一言で言えば、いかなる種類のものであれ、公的な統治は、それが便利で有望だと判断する人々の間で慎重な助言・協議・妥協を重ねた結果として発生したと見られる。それは明らかである。もっとも、公的な統治がないまま人間が生活したというようなことは、観念論的に論じられた自然状態が成立していれば、決してあり得ないことではないが」（フッカー『政治機構としての教会』第一篇第十章）。

七五．以上のような次第で、子が暗黙の、ほぼ必然的な同意を通じて、父親の権威と監督に対して道をあけることは、面倒のないことであったし、ほぼ自然なことでもあった。子どもはすでに幼児の頃から、父親の指図に従うことや、兄弟げんかの仲裁を父親にゆだねることに慣れている。成人後の子どもを監督する者として、父親以上の適任者がいるだろうか。子どもの所有物はたかが知れているし、物欲はもっと少ない。したがって、大きな争いが起こることはまれであった。よしんばそのような争いが起こったとしても、父親以外に適任の仲裁者はいたであろうか。なにしろ、子どもたち一人ひとりが食うに困ることもなく育ったのは、父親の世話があったからである。また、子どもたち全員に愛情を持っているのは父親だったのである。子どもは未成年と成年を区別しなかった。また、二十一歳という年齢（あるいは、わが身と財産を自由に処することが許される何らかの年齢）に達することを求めなかった。そこには何の不思議もない。なにしろ、子どもが被後見人の立場を離れたがるということはあり得なかったのだから。子どもが未成年期のあいだ服していた監督は、束縛というよりはむしろ保護であった。成人後も、それに変わりはなかった。父親の支配下にあるときこそ平和・自由・財産が担保されるのであり、それ以上に強力な担保はどこを探しても見つからなかった。

七六．このように、本来の意味での一家の父親が微妙な変化により、家族を政治的に支配するようにもなった。そして、そのような父親がたまたま長生きし、有能で立派な跡継ぎを残し、それが何代か繰り返されると、世襲王国や選挙制王国［たとえば、神聖ローマ帝国時代のドイツ」の基盤が築かれることになった。その際、それらの王国の骨組みや国柄は、偶然の作用、人間の工夫、そして成り行きに左右されて、さまざまな形をとった。しかし、次のような主張には反駁《はんばく》しておきたい。「君主の資格は父親の権利から派生する。そして、それによって次のことが十分に証明される。すなわち、かつて統治権の行使を事実上任されるのが通例だったことからして、父親は今も政治的権限をふるう当然の権利を持っている」。

仮にこのような言い分が正しいとすると、次の命題も力強く証明されることになってしまう。「君主は全員、聖職者であるはずだ。否、君主を除けば聖職者はいないはずだ。なぜなら、一家の父親が家族を支配していたということも、また祭祀をつかさどっていたということも、ともに間違いのないことだから」。

第七章　政治的社会、すなわち市民社会について

七七．「人独《ひとり》なるは善《よ》からず」（「創世記」第二章第十八節）。これは神自身の考えである。神は人間をそのような被造物として創造した。次いで、人間を固く縛った。すなわち、人間が状況に迫られたり、便宜を求めたり、あるいは本能に駆られたりして共同体を形成せざるを得ないようにした。神はその一方で、人間に理解力と言語を与え、共同体を維持、活用することができるように取り計らった。

最初の共同体は夫と妻の間に成立し、それが親子間の共同体の始まりとなった。やがて時が経《た》つと、そこにもう一つのものが加わるに至った。主人と下僕の共同体である。これらのものが合わさって一つの家族を形成することもあった。実際、それは普通のことであった。そこでは、一家の主人（または女主人）が家庭に特有の、ある種

の支配をおこなっていた。これらの共同体は、目的・紐帯《きずな》・範囲がまちまちである。そこに注目すれば明らかなことだが、それらの共同体は個々に見ても、あるいは全部ひっくるめて考えるにしても、政治的な共同体からはほど遠いものであった。これについて以下述べる。

七八. 夫婦という結びつきは、男女間の自発的な契約にもとづいて成立する。それは主として、互いに肉体的に交わることであり、相手の肉体を求めることが許されるということである。いずれも、生殖という夫婦の主目的にとって必要なことである。しかしそこには、相互の協力や扶助、そして関心の共有がともなう。それは、夫婦が思いやりと慈《いつく》しみを通わすのに必要であるし、夫婦のもうけた子どもにとっても必要なことである。子どもは自立できるようになるまでの間、父親と母親の双方に養育してもらう権利がある。

七九. それはこういうことだ。男女間の結合は生殖だけではなく種の保存も目的としているのだから、子どもを扶養する必要がある限り、それが生殖後も続くのは当然である。子どもは自立、自活できるようになるまで、生みの親によって扶養してもらうことになる——。この掟《おきて》は、無限の叡智《えいち》を持つ創造主が自身の所産に対して設けたのである。見れば分かるとおり、人間より下等な被造物も、この掟にしっかりと従っている。

草食の哺乳動物の場合、雌雄の結合は交尾の間しか続かない。その理由はこうである。子はやがて草を食《は》むことができるようになるまで、母親の乳首をあてがわれるだけでも生きていくのに十分である。雄は子をもうけるだけであって、雌や子に関心を持たないし、その生存には何ら貢献しない。

ところが肉食獣の場合、雌雄の結合はもっと長く続く。なぜなら雌は、自分が獲物をとってくるだけでは自分自身の食べる分も、大勢の子が食べる分も、まかなえないからである。なにしろ肉食は、草を食《は》むよりも骨の折れる、危険な生活方法である。いきおい、共通の家族すなわち子の生存にとって、雄の協力が必要不可欠なものとなる。子は自分で獲物を取れるようになるまでの間、雌雄双方の親が力を合わせて世話してくれなければ、生きてゆくことができない。すべての鳥類についても、同様のことが観察される（ただし、一部の家禽《かきん》は別である。餌がふんだんにあるので、雄鳥《おんどり》はひなに獲物を運んできたり面倒を見たりせずに済む)。ひなが巣の中で餌を待ちわびているので、親鳥はつがいのままでいなければならない。それは、ひなが自分の翼を使いこなし、自立できるようになるまで続く。

八〇．なぜ人間の男女は、ほかの被造物よりも長期間にわたって結びつきを保つのか。さまざまな理由があろうが、主たる理由は右に述べた点にあると思われる。換言するなら、こういうことである。子どもは長い歳月を経て、親の助けを頼らなければ衣食をまかなえないという状態をようやく脱し、自活することができるようになる。そして、子は両親からしてもらうべきことをし尽くしてもらった形になる。ところが母親は、それよりずっと早くに次子を受胎することが可能であり、実際にも妊娠、出産するのが普通である。したがって父親は、自分のもうけた子どもたちを世話しなければならないので、ほかの動物よりも長い間、同じ女性との間で夫婦としての結びつきを続けることを余儀なくされる。人間以外の動物の場合、次の生殖時期がめぐってくる前に子が自立するので、つがいはおのずと解消され、いったん自由の身となる。そして、年に一度の季節がめぐってくると、ヒューメン［古代ギリシア神話の婚姻の神」から新たな相手を選ぶよう命じられる。このような点で、偉大な造物主の叡智を賛嘆しないわけにはいかない。造物主は人間に、現在の必要を満たすだけではなく、先を見越し将来にそなえるという能力を与え、夫婦の関係が動物のつがいよりも長く続くことを避けられないものとした。その結果、夫婦はやる気に駆られる。勤勉に働こう、もっと心を合わせよう、と。その目的は、将来にそなえ、自分たちの間に生まれた子どもたちのために財貨をたくわえることにある。しかしそれは、夫婦の結びつきが不確実であったり、婚姻関係が安直に、しかも頻繁に解消されたりするようでは、はなはだしく妨げられよう。

八一．これらのことは、人類をしばる紐帯《ちゅうたい》であって、そのおかげで人間の婚姻のきずなは、ほかの動物の場合とくらべて強くなるし、しかも長持ちする。しかし、そこには依然として、次のような問いを投げかける余地がある。まず、事の本質から言っても、目的から見ても、この婚姻という契約がいかなる場合であろうと終生続かなければならないという必然性はない。だとすると婚姻は、生殖と教育をまっとうし、相続に対する計らいも済んだ場合には、ほかの契約と同様に打ち切ることができる――そういう仕組みにしてはいけないのだろうか。契約の打ち切りは、双方の同意にもとづくこともあろう。また、期限切れという形をとることもあろう。あるいは、一定の条件が満たされて契約解除に至るケースもあろう。念のために言っておくと、「婚姻に関する契約は終生有効である」と定める実定法の支配下では、話は別である。

八二．しかし夫婦は、同一かつ共通の関心を抱いているが、物事を理解する力が異なるので考え方も違ってくる。それは避けられない。したがって最終的な決定権すなわち支配権は、どちらかに持たせなければならない。男がそれを引き受けるのは当然である。女より賢いし強いのだから。しかしこの支配権は、夫婦が共有する関心事および財産にしか及ばない。妻は契約にもとづいて自己の権利としているものを、完全かつ自由にわがものとすることが許されている。また、夫には、妻の生命を支配する力は与えられていない。妻が夫の生命を支配する力を持っていないのと同様である。夫の権力は、絶対君主の権力からほど遠い。したがって妻は、多くの場合、夫と離別する自由を享有している。もっともそれは、自然権または夫婦間の契約が許す範囲内に限られるが。なお、その際、当該の契約が自然状態において結ばれたのか、それとも夫婦の住む国の慣習または法律にもとづいて結ばれたのかは、問われない。そして、離婚に際して子どもがどちらの親についてゆくかは、夫婦間の契約の定めるところによって決まる。

八三 政治的支配のもとでも、結婚のすべての目的は、自然状態に置かれているときと同様に達成されてしかるべきである。したがって為政者は、夫婦のいずれに対しても権利や権限を制限することはない。ただし、そのような権利や権限は、当然のことながら夫婦の目的——一緒にいる間におこなう生殖と協力——にとって必要なものだということが前提になる。いずれにせよ為政者は、夫婦間で権利や権限に関しても め事が起こった場合に裁定を下すだけのことである。

仮に、そうではない状況を想定してみよう。そして、絶対的な主権と生殺与奪《せいさつよだつ》の権が夫に属すのが当然であって、しかもそれが夫婦という共同体にとって必要不可欠であるとしよう。そうだとすると、夫の側にそのような絶対的な権威を認めていない国では、結婚というものはあり得ないということになる。しかし実際には、夫は結婚の目的を達するにあたってそのような権力を握る必要はないし、結婚したからといってそれを託されることはなかった。そのようなことは、結婚という関係にとってまったく無用だったからである。夫婦という共同体は、そのような権力抜きで存続することもできるし、結婚の目的を達成することもできる。いや、もっと正確に言おう。財の共有と管理、夫婦相互の協力と扶養、そのほか夫婦に属するもろもろの事柄は、結婚の際の契約によって修正したり、調整したりすることができる（ただし、生殖および独り立ちする前の子どもの養育に抵触《ていしょく》しない限りにおいて）。要するに、ある共同体の結成目的にとって不要なものは、いかなる共同体にとっても不要なのである。

八四．両親と子どもから成る共同体、そして双方の固有の権利と権限について、前章で多くの紙幅を費やした。ここではそれに触れる必要はあるまい。一言だけ付け加えておこう。管見によれば両親と子どもとの共同体は、政治的共同体とはまるで異なる。それは明らかである。

八五．主人と下僕という名称は、歴史とともに古い。だが、そのような名称をつけられた人々の境遇は、一様と言うにはほど遠い。なにしろ、自由人でありながら、相手に期限付きで奉仕を売ることによって、みずから他の自由人の下僕となる者もある。当人は奉仕を引き受ける代わりに、賃金を受け取ることになる。このようにすると通常、主人の一家に加えられ、家族の日常的な規律のもとに置かれる。とはいえ、主人が下僕に及ぼす権力は一時的なものにしかならないし、権力の及ぶ範囲は両者間の契約によって定められたもの以上にはならない。

ところが、奴隷という特別な呼称で呼ばれる別種の下僕も存在する。奴隷とは、正当な戦争において俘虜《ふりょ》として捕らえられた者である。彼らは、主人の絶対的な支配と恣意的な権力に服する。それは理の当然である。これらの人間は、言うならば、生命とそれにともなう自由を没収され、財産を喪失したのである。奴隷の境遇におちいると、所有できるものは何もない。このような状態に置かれている以上、市民社会の構成員とは見なされない。なぜなら、市民社会における最大の目的は、所有権を保全することにあるからだ。

八六. このように一家の当主は、妻子・下僕・奴隷をそれぞれ従えている。そして、これらの個々の上下関係が、家庭内支配のもとですべて統一されているとする。それを踏まえて、家庭という共同体の主《あるじ》がどのようなものか、考察することにしよう。第一に、共同体の中で序列が最上位である。第二に、他の構成員のために力を尽くす。第三に、一人しかいない。これらの点で一家の主は、小規模な国家の支配者と似ているかもしれない。だが、たとえそうだとしても、成り立ちや持てる力、果たすべき目的といった点で、両者は互いに遠く隔たっている。このように断言するのは、次のような次第だからである。仮に、これを君主制と見なさねばならないとしよう。また、家父長を絶対君主と見なさねばならないとしよう。そうだとすると、絶対君主制にともなう権力は、弱体化のいちじるしい、寿命の短い権力にしかなり得ない。なぜなら、上述したことから明らかなことであるが、家長が一家のそれぞれの構成員に対してふるう権力は、少なからず特異であり、時間と空間の両方に関してさまざまに限定されているからである。実際のところ、家長は奴隷を別にすれば（ちなみに、一家に奴隷がいてもいなくても、家族はあくまでも家族であり、家長としての権限に変わりはない）、家族の生殺を左右する立法権は握っていない。その権限は、女が男に伍《ご》して家長を務める場合の権限を何ら上回るものではない。そして、一家の個々の構成員に対してごく限定的な権力しか持っていないのだから、家族全体を対象とする絶対的権力など持ちようがない。それは確かなことである。それはさておくとして、家族を始めとする各種共同体は、純粋に政治的な共同体とどのように異なっているのだろうか。それを知るための絶好の方法がある。政治的共同体の本質がどこにあるのかを考察することである。

八七．すでに証明したことであるが、人間は生まれつき、他のいかなる人間とも同じように、あるいは世界中のいかなる人間集団とも同じように、ある資格を有する。それは、完全な自由に与《あずか》る資格と、自然法の定める権利および特権を余すところなく無制限に享受する資格である。人間は、自分の所有するもの、言い換えるなら生命・自由・財産を守り、他人からの加害、攻撃を防ぐ権力をもともと与えられているのである。それればかりではない。他人が法を犯した場合には審判を下し、さらにはその犯罪にふさわしいとみずからが確信する罰を下す権力も与えられている。しかも、犯行の凶悪ぶりからして死刑が必要だと判断する犯罪には、死刑をもって臨むことすらあり得るのである。

ところがである。政治的な共同体となると、その内部に、所有権を保全する権力をそなえていなければならない。また、その目的を果たすために、いずれの構成員の犯罪をも懲《こ》らす権力をそなえていなければならない。さもないと、政治的共同体が成立、存続することは不可能である。したがって、共同体の定めた法に訴えて助けを求める方途が閉ざされていない限り、各構成員はこの自然権を放棄し共同体にゆだねなければならない。政治的共同体はそのとき初めて成立するのである。

こうして、個々の構成員の私的な裁きが一つ残らず排除され、代わって共同体が裁きをおこなうようになる。裁きの基準となるのは、確立した恒常的な決まり、すべての当事者に対して中立的で不変の決まりである。政治的共同体はまた、権限を託された人々を通じて、これらの決まりの履行を目指すべく、共同体の中で発生し得るあらゆる紛争の解決を図る。紛争の当事者がいかなる構成員であるか、また、紛争の原因がいかなる権利の問題であるかは、関係ない。共同体はまた、罪を犯し共同体に害を及ぼす構成員がいれば、それがだれであろうと、法によって定められた処罰を下す。

このような次第で、だれが政治的共同体の共通の構成員なのか、だれがそうでないのかを見分けることは、容易《たやす》い。統一されて一つの組織体を成す人々、共通の確立した法と提訴先となる裁判所を与えられている人々は、互いに政治的共同体を構成する。

ただし、その裁判所は、構成員相互の紛争を解決する権限と犯罪者を処罰する権限をそなえている必要がある。

一方、地上にそうした共通の提訴先がないのであれば、まだ自然状態から脱却していないということである。自然状態においては、各自がみずから裁判官と執行官を務める。他にそのような役目を果たす者がいないからである。これこそまさに、完全な自然状態である。これについては上述した。

八八．こうして国家は権力を握るわけであるが、そのような権力の一つに立法権がある。それは、共同体の構成員の間に見られる不当行為のうち、刑罰に値すると考えられるものにつき、どのような刑罰がふさわしいかを決める権力である。国家はまた、戦争を遂行し講和を結ぶ権力を有する。それは、共同体を構成するいずれかの者に対して、いずれかの部外者が害を及ぼすとき、加害者に懲罰を加える権力のことである。これはいずれも、共同体の構成員の所有物（生命・自由・財産）を最大限に保全することを目的としている。

それはさておき、政治的共同体を結成し国家の一員になると、各人はまさにその結果、自然法違反を懲らす力を放棄したことになる。もはや、個人の下す私的な裁定を実行することはできない。しかし、立法府に審判を託し（ただし、為政者に向かって訴え出ることが認められない場合は例外とする）、実力行使の権利を国家にゆだねるのは、必要が生ずるたびに国家による審判の執行を仰ぐためである。しかも国家による審判といっても、それは各人による審判にほかならない。なぜなら、審判を下すのは当人、いや、その代理人だからである。

そして、まさにここから発生するのが、政治的共同体の立法権と執行権である。それらの権力は、恒常的な法律にもとづき、国内で発生した犯罪について刑罰をどの程度の重さにするか判断する。また、外部から加害行為がしかけられた場合、事態を踏まえた臨機の判断により、どの程度の懲罰をもって応ずるかを決める。さらには、いずれの場合にも、必要に迫られれば構成員全員の力を余すところなく利用する。

八九． 複数の人間が束ねられて一つの共同体を形づくる。その際、各人が自然法にもとづく執行権を放棄し、それを公共の手にゆだねる。すると、そのような場合に限り、政治的共同体すなわち市民社会が出現する。このようなことが既成事実となるのは、自然状態にあった複数の人々が共同体を結成することによって、一つの国民、一つの国家をなし、一個の最高政府を戴《いただ》くときである。だれかが何らかの既存の統治体制に加わり、組み込まれるときも同様である。というのも、既存の統治体制に参入すると、その結果として共同体に対し——あるいは同じことだが、その立法部に対し——共同体の公益に見合う法律の制定をゆだねたことになり、(自分自身が法令を定めたときと同じように) 法律の執行のために自分自身の力を貸す義務を負うからである。

このようにして人々は、地上に審判者を置くことにより、自然状態を脱し、共同体の存立する状態へと移行する。ちなみに、地上の審判者はある権限をそなえている。それは、あらゆる紛争を解決する権限である。また、共同体を構成するいずれかの者が危害をこうむったときに救済をほどこす権限である。審判者の役割を果たすのは立法部である。あるいは、立法部によって任命された当局者である。

以上を要するに、複数の人間がいて共同体を形成していても、それだけでは不十分だということである。訴えに応じて裁定を下してくれる権力がないと、人々は依然として自然状態に置かれていることになる。

九〇．したがって、以下のことは明らかである。すなわち、絶対君主制は一部の人々から地上の唯一の統治形態だと見られているが、実のところ市民社会と両立しないし、市民中心の統治形態には到底なり得ない。それは以下のような次第だからである。まず、市民社会の目的は、自然状態に付きもののさまざまな不都合を回避、改善することにある。そのような不都合は、各人が当事者の立場に置かれたときみずから裁きを下さなければならないという事実から必然的に派生する。解決策として、危害をこうむったときや勃発しかねない争いがあるときに各人がただちに訴え出ることのできる場、すなわち公認の権威を確立しなければならない。その際、共同体の各構成員がこれに従うことが前提となる。*したがって、人々の間で発生するもめ事を解決しようにも、右に述べた権威が存在せず、訴え出る場がないとすれば、居場所がどこであろうと依然として自然状態に置かれているということになる。ひるがえって考えると、絶対君主というものは皆、臣民との関係においてまさにそのような自然状態にあるのである。

原注＊「社会全体の公権力は、当該社会のいずれの構成員よりも上に位置する。そして、その権力の主たる目的は、支配下にある者全員に法律を与えることにある。我々はそのような法律に従わなければならない。ただし例外はある。それは、理性の法あるいは神の法が逆のことを命じていると主張せざるを得ないような理由が示された場合である」（フッカー、前掲『政治機構としての教会』第一篇第十六章）。

九一．それはこういうことである。絶対君主は、立法権力も執行権力もすべて独占しているはずである。そうだとすれば、公正かつ中立の立場から、しかも権威をもって裁く審判者は存在しないということになる。また何人《なんぴと》にとっても、訴えを起こす場が閉ざされているということになる。審判者の裁きがないと、絶対君主またはその命令のために権利を侵害され厄介な目に遭っている場合、そうした事態の緩和および解消は期待できない。ツァーリ（ロシア皇帝）とかグランド・セニョール（トルコ皇帝）など称号は何であるにせよ、絶対君主というものは、臣民との関係において自然状態にある。ちょうど、臣民以外の者との関係において自然状態にあるのと同様である。なぜそのように言えるのか。恒常的な決まりを持たないふたりの人間がいるとする。

そして、ふたりの間で権利をめぐって争いが起こっても、訴えに応じて決着をつけてくれる共通の裁定者がいないとする。その場合、ふたりは依然として自然状態に置かれているのであり、自然状態から派生するあらゆる不都合に直面したままになる*。

しかし、絶対君主に従えられた臣民には、いや、絶対君主に従えられた奴隷には、一つだけおぞましい違いがある。通常の自然状態に置かれている人間であれば、自分の権利について自分で判断を下す自由がある。また、そのような権利を力の及ぶかぎり守る自由もある。ところが、所有権が君主の意志や命令によって侵害されていると、その場合は必ず、訴え出ることはできなくなるのである。社会の一員は、本来それを許されているのであるが。そればかりではない。自分の権利を判断したり擁護したりする自由すら与えられない。あたかも、理性ある被造物に共通する立場から引きずり下ろされたかのようである。そして、人間の想像がおよぶ限りのあらゆる苦難や厄介にさらされる。それをもたらすのはだれか。無制限の自然状態にあり、しかも阿諛《あゆ》追《つい》従《しょう》にまみれて堕落し、権力で武装した君主である。

原注＊　「自然状態に置かれた人間は、互いに、迷惑や損害をこうむる。それをすべて取り除こうと思えば、以下のことをするしか方法はない。和解や合意のやり方を会得《え》《とく》する。何らかの公的政府を定め、その政府に支配と統治の権威を与えておく。そして、それに服従する——。このようにすれば、支配される側の人々の平和・安《あん》寧《ねい》・幸福は確保されよう。昔から分かっていることだが、暴力と危害が迫るとき、わが身を守ることは許される。また、自分の利益を追求しても差し支えない。しかし、それにともなって人様の権利を侵害することになるのであれば、それは黙認されるべきではない。それどころか、全員があらゆる手立てを用いてそれに抵抗すべきである。最後に言っておこう。これも昔から分かっていることだが、人は皆どうしても自分に対して甘くなる。また、大いに気に入った人々に対しても同様である。そうである以上、みずからの権利を定めるという作業を買って出て、みずからの決定に従って権利の保全を図る者があったとして、それが理にかなったものになることは期待できない。したがって、争いごとや揉《も》めごとは果てしなく続く。それを防ぐためには、全員一致で選んだ人物の命令にだれもが従うということを、一同が約束しておかなければならない。そのような合意がないと、一個の人間がほかの人々を治めたり裁いたりすることを買って出るための根拠はないということになる」

（フッカー『政治機構としての教会』第一篇第十章）。

九二　右の主張には論拠がある。「絶対的な権力は人間の血を清め、人間の本性の卑しさを正す」などと考える者は、現代史であるか、それともほかの時代の歴史であるかを問わず、とにかく歴史書を読むがいい。そうすれば、その逆こそが真実だということが飲み込めるであろう。アメリカ大陸の森林の中にいたとき傲岸《ごうがん》不遜だったのに、玉座に就いたからといって人格がいちじるしく良くなるということがあるだろうか。恐らくあり得ない。そのような人物が玉座に就けば、臣民に対するすべての行為を正当化するべく、知識と宗教を動員するであろう。そのような事態に対してあえて異《い》を唱えようものなら、ただちに剣で黙らされることは必定である。考えてみるがよい。絶対君主制は、人民に対していかなる保護を与え、君主をいかなる種類の国父に仕立て上げるのか。その種の統治形態が完成の域に達したとき、どの程度の幸福と安全を市民社会にもたらすのか。その答えは、セイロン島について近ごろ著された叙述［ロバート・ノックス『セイロン島に関する歴史叙述』一六八〇年刊］を一瞥《いちべつ》すれば、容易に見て取れよう。

九三　確かに絶対君主制のもとでも、世の他の統治形態の場合と同じように、臣民は法や裁判官に訴え、争いごとを裁いてもらうことができる。また、臣民の間で生ずる暴力を抑え込んでもらうこともできる。だれもが考えるように、それは必要なことである。また、それを排除しようとくわだてるなら、社会および人類の公然たる敵と受け止められてもやむを得ない。だれもがそう確信している。

だが、紛争の裁定や暴力の抑制は、何を動機としているのか。果たして、人類と社会を本当に大事にする気持ちに根ざしているのだろうか。私たちが互いに発揮すべき思いやりに根ざしているのだろうか。こうした疑念が湧くのはもっともである。なにしろそれは、おのれの権力・利益・威厳を大事にしている者であればするかもしれないこと、いや、当然するはずのことでしかない。要するに、家畜が互いに傷つけ合ったり殺し合ったりするのを防いでいるのと少しも異ならないのである。家畜を働かせるにあたって、飼い主が目的としているのは、自分の満足と利益を増進することだけである。飼い主は家畜の世話をするが、動物を愛護しているからそうするわけではない。わが身を大事にし、家畜のもたらす利益を大事にしているにすぎないのである。

論より証拠、このような状態にあって、絶対的な支配者の暴力と圧政から身を守るにあたっていかなる手立てや防壁があるのかと尋ねてみるがよい。このような問いかけ自体、まず許されまい。身の安全を追求しただけでも死に値する。即座にそのような答えが返ってくるであろう。臣民相互の間であれば互いの平和と安全のために準則、法律、裁判官が必要である。支配者はそう認める。だが、支配者自身に関しては別である。支配者は絶対的でなければならない。そのような些事《さじ》を超越する存在でなければならない――。支配者は、巨悪をやってのけるだけの権力をそなえている。したがって、そのような挙に出たとしても、正しい行《おこな》いをしている、ということになる。かたわらで最強の権力者が危害や損害を引き起こしているとき、どうすれば身を守ることができようか。そのような問いを投げかけようものなら、それはたちまち、決起と反逆の声と見なされる。これではまるで、自然状態を脱し共同体を結成したとき、人々は以下のことに同意したも同然である。すなわち、一人を除いて全員を法律の制限下に置くものとする。だが、その唯一の人物は依然として、自然状態の自由をそっくりそのまま保持するものとする。ところが、そうした自由はいずれ権力とともに拡大し、だれからも咎《とが》められることなく恣意的なものに変わってしまう。

こうなると、次のように考えたくなる。すなわち、人間はどうしようもなく愚かなので、イタチやキツネのもたらす損害を防ぐためであれば注意を払うのに、ライオンにむさぼり食われるとなると、それを甘受する、いや、それを安全なことだと考えるのだ。

九四 絶対君主制におもねる徒輩が、人々の理解を惑わすためにあれこれ言うかもしれない。だが、何と言われようと、人々の実感を妨げることはできない。ふと気がつくと、自分たちの属している市民社会の枠外に、地位の高低はあるにしても、とにかくだれかが立っていて、その人物から危害をくわえられても訴え出る場がないという状況に置かれることがある。人々はそうした場合、自然状態にあると見なされるその人物との関係において、自分自身も自然状態に置かれていると考えたくなる。そして、市民社会における安全と安心をできるだけ早く確保しようと心がける。安全と安心は、市民社会の設立当初の目的であり、また、市民社会を結成した唯一の目的でもある。

恐らく最初は、(本書において詳しく後述するように)ひとりの人格者が一頭地を抜く存在となったのであろう。その人柄と人徳は一種の自然な権威と化し、大いに人々の敬意を集めた。そこでその人物に、他を超越した立場から支配してもらうことになった。紛争の裁定も任せることになった。それは、人々の暗黙の同意にもとづいていた。その際、人々は何ら警戒心をいだくことはなかった。それどころか、支配者の高潔な人格と叡智を確信していたほどである。しかし、時を経るにしたがって、初期のころの、迂闊《うかつ》で近視眼的な単純思考にもとづいて開始された慣行に、権威が付け加えられた。また、（一部の人々が主張するように）神聖さも付け加えられた。こうして、右に述べたような人格者とは別種の後継者が出現した。人々は、自分たちの所有物（生命・自由・財産）が往時とは異なり、新たな統治形態のもとでは安全ではないということに気づいた（統治は本来、所有物の保全を唯一の目的としておこなわれるのであるが）。身の安全も確保できず、安心することもできなかった。また、自分が市民社会の中にいると考えることもできなかった。

それがようやく解消されたのは、元老院なり議会なり、名称は何でも構わないが、ともかく立法部が人間の集合体という形で設置されたときである＊。そのような方法によって各人は、みずから立法部の一員としてもうけた法律に、最下層の人々とくらべても優遇されることなく、平等に従うことになった。そして、ひとたび法律が制定されると、万人にとって以下のことは不可能になった。自分自身の権威を笠に着て法律の執行から身をかわすこと。身分が高いという口実のもとに法律の適用をまぬかれること。そうすることによって、自分の、あるいは配下の者の不始末を大目に見てもらうこと――。要するに、市民社会においては、法の適用をまぬかれる者はひとりもいないのである**。

その理屈を説明するとこうである。だれかがみずから妥当と判断することは何をしても許されるとする。しかも、それにともなって引き起こされる実害を、排除または予防したくても地上に訴え出る場がないとする。そうだとすると疑問が生ずる。実害の元凶となった「だれか」は、依然として完全に自然状態に置かれているのではなかろうか。したがって、市民社会の一部ないし一員にはなり得ないのではなかろうか――。もっとも、自然状態と市民社会が同一物であるというのであれば話は別である。しかし、そのようなことを肯定するほど熱烈に無政府状態を擁護する者を、私は寡聞《かぶん》にして知らない。

原注＊「最初、ある種の支配が定められたとき、恐らく人々は、統治方法についてそれ以上の考察はせず、統治者を支配するはずの叡智と思慮分別にすべてを託したのであろう。ところが、やがて経験を積むにつれて人々は、それがあらゆる面に関してはなはだ不都合であること、そして、あたかも治療法として考案したことが、癒《いや》すべき傷口を逆に広げたのと似ているということを悟った。一人の人間の意志に沿って生きることは、万人の不幸の原因となる。人々はそれを見て取った。そこでやむなく法を定めた。そうすることによって、だれもがあらかじめ自分の義務を理解し、それを犯せば罰せられるということを知った」（フッカー、前掲『政治機構としての教会』第一篇第十章）。

原注＊＊「市民法は国家全体の法であり、当該国家のそれぞれの部分をくまなく支配する」（フッカー、前掲書）。

第八章　政治的社会の発生について

九五　すでに述べたように、人間はみな、本来的に自由で平等である。そして、独立している。同意してもいないのにこの状態を追われるとか、他者の政治的権力に服従させられるとかいったことは、あり得ない。本来そなわっているはずの自由を投げ出し、わが身を市民社会のきずなに結びつける方法は一つしかない。それは、ほかの人々との合意にもとづいて共同体を結成することによる。共同体を結成する目的は、自分の所有物（生命・自由・財産）をしっかりと享有し、外敵に襲われないよう安全性を高めるなど、お互いに快適で安全で平和な生活を営むことにある。こうしたことは、いかなる規模の人間集団にも許される。なぜなら、それ以外の人々は、自由を侵害されることなく、従来と同じように自然状態の自由のうちにとどまるからである。

複数の人間がこうして一個の共同体すなわち統治機構の結成に同意すると、ただちにまとまって一個の国家となる。そこでは多数派が、それ以外の人々に命令を下し制限を加える権利を握る。

九六．というのも、複数の人間が各人の承諾にもとづいて共同体を形成するとき、その共同体は多数派の意志と決定だけを導き手とし、一体となって行動する力を持った団体になるからである。その理由はこうである。いかなる共同体も、全構成員の承諾がないと始動しない。そして、一体的な団体である以上、一つの方向に進むことが必要である。したがって、その内部を占める大きい方の力、すなわち多数派の一致する方向に進む必要がある。さもないと、一個の団体、一個の共同体として機能し存続することは、そうあるべきだと各構成員が同意していても、不可能になる。このようなわけで各人は、右に述べた承諾という手続きにもとづいて、多数派から制約を課されるのである。したがって、周知のとおり、議決をおこなう権能を実定法によって与えられている議会においても、多数派の議決が議会全体の議決として通る（ただし、当該の実定法によって、議決の採択に必要な人数が別途定められていれば話は別である）。

そして、言うまでもなく、そうした議決は、自然と理性の法により全体の権力がそこに託されているとの見立てのもとに最終決定となる。

九七. 繰り返しになるが、ほかの人々との間で、一個の統治形態のもとに一個の国家という共同体を設けることに合意したとする。そうすることによって各人は、その共同体のだれもが従う義務——すなわち、多数派の決定に服従し、多数派の課する制約を受け入れる義務——に服することになる。そうでないとすると、依然として自由であって、かつて自然状態にあったときと同じ程度の縛りしか受けないということになる。その場合、各人がほかの人々と一体化し一個の共同体となることを定めたこの根源的な契約は、意味を失う。いや、そもそも契約になり得ない。

考えてみるがよい。自分自身が妥当と見なし実際に承諾する範囲内でしか社会の命令に縛られないとすると、一体いかなる形態の契約があり得よう。また、いかなる新規取り決めが成立するだろうか。これでは、契約を結ぶ前と同じように自由だということになる。あるいは、自然状態に置かれた者にも劣らないほど自由だということになる。なにしろ、共同体の決定を甘受し承諾するのは、それを妥当と判断するときに限られるのだから。

九八．以上のことは次のように説明できる。仮に、多数派の同意が全体の議決として受け入れられるなら理に反すると仮定しよう。また、全員を拘束するわけでもないとしよう。そうだとすると、全員が一人残らず同意しないことには、いかなる議決も全体の議決にならないということになる。ところが、健康を害するとか、仕事に手間取るとかの事態を考えるとすると、全員が同意するなどということはまず期待できない。そのような不可抗力によって公的な集会への出席を阻まれる者が、必ず何人か出てくる。ただし、その数は、国の人口をはるかに下回る。さらにこれに加えて、いかなる人間集団にも必ずつきまとう意見の多様性や利益の対立を、考慮に入れなければならない。したがって、全員の同意という条件のもとで共同体を結成したのでは、せっかく劇場に入ってもすぐに退席する古代ローマの謹厳な政治家カトー（紀元前二三四～一四九年）と同じことになってしまう。このような仕組みのもとでは、強大な怪獣リヴァイアサンですら、最もはかない被造物以上に短命になり、生まれたその日のうちに寿命が尽きるだろう（このようなことは想定外のことである。もっとも、理性的な被造物が共同体を結成しながら、それを解体することだけを目的としていると見なすことができるのであれば、話は別であるが)。なぜ、そう言えるのか。多数派が残りの人々に制約を課すことができないとすれば、人々は一個の団体として行動できないし、したがって、瞬時にしてふたたび四散してしまうからである。

九九. したがって、次のように解釈せざるを得ない。自然状態を脱して共同体を結成する者はだれでも、結成目的にとって必要な全権力を譲渡したことになる。権力を受け取るのは、共同体の単純多数を占める側である。ただし、人々が多数派の定義について、半数を上回る何らかの数を挙げて明示的に合意したとすれば話は別である。このような権力の譲渡は、人々が一個の政治的共同体を結成することに同意すれば、それだけで完了する。国家を結成または構成する者の間に介在する契約、あるいは介在する必要のある契約は、これですべてである。したがって、多数派を形成することのできる任意の複数の自由人が、何らかの政治的共同体を結成することに同意しさえすれば、そのような共同体が第一歩を踏み出し、現実に成立するのである。世のいかなる合法的政府も、このような手続きを経ただけで誕生したのである。あるいは、誕生することが可能だったのである。

一〇〇．これに対して反論が二つあることは承知している。第一の反論はこうである。「歴史上、相互に独立していて平等な人々が一堂に会し、統治という制度を創始したことはあるのだろうか。そのような実例は聞いたことがない」。

第二の反論はこうである。「そのようなことは、できようはずがない。なぜなら人は、生まれながらに統治され、それに服従することになっているのであり、しかも、新たな統治を創始することは許されないのだから」。

一〇一．第一の反論に対しては、次のように答えられる。歴史には、自然状態で生活をともにしていた人々についてごくわずかな記録しか残っていないが、それは何ら怪しむべきことではない。自然状態には不都合がともなうし、人は人との交わりを好み、求める。だから寄り集まらずにはいられなかった。そして寄り集まると、共同生活を続けるつもりがある場合にはたちまち団結し一団となった。仮に、自然状態に置かれた人間について伝えられていることが乏しいからといって、人間はそのような状態にはなかったのだ、と考えることが許されるとしよう。そうだとすると、次のように考えても差し支えないということになる。「アッシリアのシャルマネセル三世（紀元前八五八〜八二四年在位）やペルシアのクセルクセス一世（紀元前四八六〜四六五年在位）の軍隊の兵士たちはかつて少年だったことはない、なぜなら、彼らが成年に達し入隊する前のことは伝えられていないから」。

どこの国でも統治という営為は、記録がおこなわれる以前にさかのぼる。初めて文字が人々の間に導入されるようになるのは、通常、長期にわたって市民社会が続き、文字以上に必要性の高い各種技術によって安全と安心が確保され、生活が豊かになった後である。そのとき人々は、長い歳月のせいで遠い昔の記憶が消えているので、先祖の歴史を探ったり自分の起源を調べたりするようになる。もっともなことである。国家も個人の場合と同じように、自己の誕生と揺籃期《ようらんき》については通常、記憶をとどめていないのだから。もし自分の起源について何かが分かっているとすると、それは、たまたまほかの人々が保存していた記録を見ることができるからである。

ついでに言うと、世の何らかの統治の起源に関して残されている記録はいずれも、右に述べたような国家起源説を明白に実証している。あるいは、少なくともそのような起源の痕跡をはっきり示している。ユダヤ人の記録は例外で、そこには他ならぬ神が直接関与している。しかし、これとても父権的支配説を裏づけるものとは到底言えない。

一〇二．ローマやヴェネツィアは、本来的に平等な、相互に自由で独立した複数の人々が団結することによって始まった。それを認めないとすれば、奇妙な性向を露呈しているに等しい。奇妙な性向とは、明白な事実であっても自分の仮説に一致しない場合はそれを否定するという癖《へき》である。

スペインのイエズス会宣教師ホセ・デ・アコスタ（一五四〇〜一六〇〇年）の言葉を額面どおりにとるとすれば、南北アメリカ大陸には、かつて統治がまったくおこなわれていなかった地域があちこちにあるという。アコスタに言わせればこうである。「十分かつ明白な根拠があって述べるのだが、これらの人々（ペルー人のことを指す）は長い間、国王や国家を戴くことなく群をなして暮らしていたのである。それは、今《こん》日《にち》のフロリダの人々やチリグァナ族、ブラジル人、その他のあまたの民族と同様である。これらの民族は、定まった国王を戴かず、平時または戦時に、時宜《じぎ》に応じて意にかなった指導者を選んでいる」(『新大陸自然文化史』第一巻第二十五章)。ペルーでは、各人が生まれながらにして父親すなわち家長に服従していたと言えるかもしれない。だがその場合でも、父親に対して服従の義務を負っているからといって、子が適当と判断する政治的共同体を結成する自由が剝奪《はくだつ》されることはなかった。そのことはすでに述べた。

それはともかくとして、これらの人々が実際に自由であったことは明らかである。今になってどこかの口舌《こうぜつ》の徒が、一部の人々が他よりもどれほど優越していたか力説するかもしれない。だが、持ち上げられた当人たちは、そうした優越性をみずから勝ち取ろうとしてはいなかった。それどころか、人々はみな、やがて歳月が過ぎ、合意によって支配者を戴くときまでは、やはり合意にもとづいて相互の平等を保っていたのである。このように、彼らのいずれの政治的共同体も、まず自発的に団結し、次いで、統治者と統治形態を自由に選択する人々が相互に合意するところから出発したのである。

一〇三．紀元前八世紀頃、指導者パラントゥスとともにスパルタを去った人々について、ローマの歴史家ユスティヌス（二、三世紀頃）がみずから編纂《へんさん》した書物（ポンペイウス著『ピリピ史』のダイジェスト版）の第三巻第四章で言及している。それによると、彼らはもともと互いに独立した自由人であって、自分たちの上に立つ政府を、合意にもとづいて樹立したと認められる。

自由で自然状態にあった人々が一緒になり、一団となって国家を興す。そのような実例を、以上のとおり歴史の中からいくつか取り上げた。それでも、「統治はそのような始まり方をしたのではない、そのような始まり方はそもそも不可能だった」と説く者が出てくる。そして、それを証明するための論拠として、右に述べた実例が存在しないと強弁することもある。しかし、家父長的支配権を肯定する論者は、本源的な自由の存在を否定するためにそのような論拠を言い立てるよりも、それに触れずにいた方が無難であるように思われる。それは、次のことを考えれば分かる。父権にもとづいて創始された統治形態の実例を、彼らが歴史から数多く引き出すことができるとしよう（もっとも、過去のことを引き合いに出して今も当然かくあるべきだとする論法は、うまくいった場合でも大した説得力を持たないが）。そうだとしても、そのような言い分は黙許しても差し支えないし、その際、大事に至ることもないと思われる。

だが、この件において彼らに一言忠告するとすれば、次のように述べておきたい。「国は既成事実として始まったのであり、その起源を詮索するのは賢明ではない。統治形態の基礎部分を探せば何かしら見つかるかもしれないが、それはたいていの場合、あなたがたの唱える構図や正当化しようとする権力にとって、ほとんど有利に働くとは思えない」。

一〇四．それはともかくとして、道理がこちら側にあるのは明らかである。結論はこうなる。まず、人間は本来的に自由である。しかも、歴史上の実例に照らせば明らかなことだが、平時に興った世界中のどの国も、人間が本来的に自由だということを拠《よ》り所にして出発し、人々の合意にもとづいて成立したのである。したがって、最初国を興すときその権利がどこから発生するのか、人々がどのように考えどのように行動したのか、疑う余地はほとんどない。

一〇五．歴史をできるだけ遠くまでさかのぼって国家の起源を尋ねると、通常、あることが分かってくる。それは、国家を治め掌《つかさど》っているのは一人だということである。私はそれを否定するつもりはない。

また、次のことも信じたい気持ちに駆られる。自給自足を可能にするほど十分な人手に恵まれている一族が、よその家との間で縁組みをすることなく、まとまりを保ち続けた場合、統治は父親に始まるのが普通であった（ちなみに、土地がふんだんにあるのに人が足りないのであれば、他家との縁組みが頻繁におこなわれる）。

なぜそのように言えるのか。自然法にもとづくなら、自分が妥当と考えるやり方で自然法違反を懲らすことが許される。父親たる者は、そのような、他の人々がそなえているのと同じ権限をそなえている。そうであるからこそ、過ちを犯したわが子を、その成人後も罰することを許されているのである。そして、子どもたちについては以下の行《おこな》いが大いに期待できた。父親の処罰に服すること。自分の番になったときには全員が父親に加勢し、自然法を犯した者に立ち向かうこと。このようにして父親は、自然法違反を処断する権限を獲得した。また、実質的に、家族全員の上に立つ立法者兼統治者となった。

父親は、信頼を寄せるのに最適の人物であった。父親の保護下にある子どもたちは、父親の愛情のもとで所有権と利益を守られていた。父親に従うという習慣が幼年期に身についているので、父親に服従することは他のだれに服従するよりも無理のないことであった。したがって、こういうことになる。共同生活を営む人々の間では統治という営為は避けられないし、自分たちを支配する人物を一人選ばなければならないとすれば、子どもたちの共通の父親ほど、それに適した者はいない（ただし、父親が怠慢とか残忍といった心身の欠点のせいで、そのような役割に不向きである場合は別である）。

しかし、父親が亡くなって、残された後継者が年齢・叡智・勇気、そのほかの資質を欠いているために支配に向いていない場合もあった。あるいは、いくつかの家族が寄り集まって共同生活を営むことに賛同する場合もあった。そのとき人々は天与の自由を行使し、だれよりも有能で、だれよりも支配の手腕がすぐれていると判断される人物を擁立した。それは疑う余地がない。調べてみると、アメリカ大陸にこのような慣行に従っている住民がいる。彼らは天与の自由を満喫していた（ペルーとメキシコという二大帝国の、征服の剣も、拡大する支配圏も、彼らの生活の場に及んでいなかったからである）。彼らは、他の条件がすべて同じであれば、亡き国王の世嗣《せいし》を支配者として選ぶのが通例であった。だが、世嗣がなぜか懦弱《だじゃく》であったり無能であったりすると、世嗣を無視して、強健で勇敢な人物を支配者に選んだ。

一〇六．世に人類が住み着いてから、諸民族はどのような歴史をたどったのか。それについて述べている記録をできるだけ過去にさかのぼると、統治が一個の人間の手中に収められていることが分かる。しかしだからといって、私の説は論破されたことにはならない。私が唱えているのはこういうことだ。第一に、政治的共同体は、共同体結成に関する個々人の同意に依拠して始まった。第二に、こうして合流する人々は、いかなる統治形態を創始しても差し支えない。それを適切だと判断するのであれば——。私の唱える説は論破されたのではない。統治が一人の手にゆだねられていたという事実が、誤解を招いたのである。統治は元来ひとりでおこなうもの（君主制）であり、父親に属する事柄である、と。

そこで、なぜ人々が最初、一般的にこのような統治形態を選んだのかを、ここで考察しておくことは的外れではあるまい。こうした統治形態が成立し、権力が最初一人の人間の手中に収められたのは、恐らく、何らかの国家を初めて樹立する際、父親が抜きんでた存在だったからであろう。しかし個人統治の形態が存続したのは、決して、父親の権威に対する尊敬の念ゆえではない。それは明らかである。なぜなら、すべての小規模な君主国は――すなわち、大部分の君主国は――成立後しばらくすると選挙制になるのが常であった（少なくとも、稀《まれ》ではなかった）からである。

一〇七．さて当初、父親によって幼年期を支配されたことにより、人々は個人支配に慣れ親しみ、次のことを刷り込まれた。すなわち、個人支配のもとで心配りと手際《てぎわ》の良さ、思いやりと慈《いつく》しみが発揮されるなら、自分たちが共同して求める政治的福利はすべてかなえられ、守られる――。人々がそのような統治形態を選び、おのずとそれに溶け込むのは不思議ではない。子どもの頃からだれもがそれに慣れ親しんでいるし、経験を通じてそれが安心できるもの、安全なもの、ということを知っているからである。

さらに次のように付け加えられるかもしれない。人々は、個人支配は単純で至極明快なものだと感じていた。経験が限られていたので、ほかの統治形態を学んだことがなかったからである。また、絶対的支配権に付きものの野心や傲慢を知らなかったので、「それによって引き起こされる」君主大権による個人の権利侵害や絶対権力の悪弊《あくへい》を警戒するという習慣がなかったからでもある。ところが世襲の君主制は絶対権力を要求し、それを人々に押しつける傾向にあるのだ。

右のとおりであるとすれば、人々があまり知恵を絞ろうとしなかったのも何ら不思議ではない。人々は、自分たちが権威をゆだねた人物の行き過ぎを抑えようと対策を練ることはなかった。また、統治権力を分割し複数の人々にゆだねることによって、権力の均衡を図る方法を工夫することもなかった。

人々は専制的支配の圧迫を感じていなかった。また、時代の風習が風習であったし、財産や生活様式も支配者の側が食指を動かしたくなるような代物《しろもの》ではなかったので、専制的支配を危惧したり予防を図ったりする理由はなかった。したがって彼らが、前述のようにこの上なく単純明快な統治の枠組みに身を投じたのは不思議ではなかった。そのような政治形態はまた、彼らのその当時の状態や条件にとって最適でもあったのだ。そこでは、法律をふやすよりも、むしろ外敵の侵入や侵害を防ぐことが必要であった。人々の生活様式は質朴であり、欲望は各人のわずかな財産の狭い範囲にとどまっていた。したがって、もめ事はあまり起こらなかったし、それを裁定するための法律を多数そなえておく必要もなかった。また、違法行為も犯罪者もいたって少なかったので、裁判もあまり必要なかった。

しかも、人々は互いに好意を寄せ合ったからこそ共同体を結成したのである。互いの間には、なにがしかのなじみとよしみがあり、なにがしかの信頼関係があるはずである。したがって不安を感じるとすれば、それは仲間に対してではなく、よそ者に対してである。こうしてみると、彼らが第一に心を砕き知恵を絞ったのは、どのようにして外敵から身を守るかということであったに違いない。彼らが、その目的にとって最適であると思われる統治機構のもとに身を寄せ、ほかのだれよりも優れた知恵と胆力の持ち主を指導者として選ぶのは当然であった。選ばれた人物は、戦時になると指揮を一任され、敵を撃退するために指導をおこなう。そして、主としてその点において支配者となるのである。

一〇八．一例を挙げよう。周知のように、アメリカ・インディアンの首長は軍勢を率いる頭目にすぎない。アメリカは今、アジアおよびヨーロッパの原初の時代を繰り返している。かつて欧亜の両大陸では、国土のわりには住民が少なかった。人口が希薄で貨幣が乏しいがゆえに人々は、所有地を拡大するとか、所有地の拡大を目指して争うとかの行為に走る気にはならなかった。依然としてこのような段階にあるアメリカ大陸においてインディアンの首長は、戦争になると絶対的な指揮権をふるうけれども、内にあって、しかも平時であれば、支配権をほとんど行使せず、いたって穏健な主権をそなえているにすぎない。講和と開戦の決定は通常、部族民全体または民会に任される。しかし戦争が起こると、合議をしている余裕はないので、首長の独占的な権力に指揮権がゆだねられるのである。

一〇九．別の例を挙げよう。古代イスラエルにおいても、士師《しし》（裁《さば》きづかさ）や初期の王の主たる仕事は、戦争になったとき司令官を務め、軍勢を指揮することだったと見られる。このことは旧約聖書の「民数記」のほかにもエフタの物語に明瞭に表れている（「民数記」第二十七章第十七節に、「先頭に立って出陣し先頭に立って凱旋《がいせん》する」という言葉が見える）。アンモン人がイスラエルと戦ったとき、ギレアド人は恐怖に駆られた。そして、かつて一族の中から放逐した庶子エフタのもとに使いを送り、アンモン人との戦いにおいて加勢してくれる気があるなら支配者として迎えるとの約束をとりかわした。ギレアド人の行動は、次のような言葉で表されている。「民《たみ》は彼をおのれの首領《かしら》とし、総大将として立てた」（「士師記」第十一章第十一節）。要するに、士師になったのと同じことと思われる。かくしてエフタは、「六年の間イスラエルを審《さば》いた」（「士師記」第十二章第七節）。すなわち、六年間、総大将を務めたのである。

ヨタムがシケムの人々を、士師にして支配者であったギデオンに対する恩義を忘れていると責めるときも、同様の言い回しが見られる。ヨタムがシケムの人々に向かって語るのは、次のような言葉である。「わが父はあなたがたのために戦い、命をかけてあなたがたをミディアンの手から救い出した」（「士師記」第九章第十七節）。将帥《しょうすい》としての事績をのぞけば、ギデオンに関する言及はなかった。実際、ギデオンの経歴においても、そのほかの士師の経歴においても、見いだせるものはそれだけなのである。また、アビメレクもせいぜいシケムの総大将にすぎなかったのだが、わざわざ王と呼ばれている。

もう一例挙げよう。それは、イスラエルの子孫がサムエルの息子たちの所業に辟易《へきえき》したときのことである。彼らは、ほかの国々の民と同じように、「われらを裁き、陣頭に立ち、われらの戦いをたたかう」（「サムエル記・上」第八章第二十節）王を望んだ。するとと、神は彼らの望みを聞き届け、サムエルに向かってのたまう。「一人の男をつかわそう。その者に聖油を注ぎ、わが民イスラエルの長《かしら》とせよ。わが民はペリシテ人《びと》の手から救い出されよう」（「サムエル記・上」第九章第十六節）。王の仕事はあたかも、イスラエルの軍隊を率いイスラエルを守るために戦うことに尽きるかのようである。そこでサムエルは、即位の式においてサウルの頭に瓶の油を注ぎながら宣言する。「主《しゅ》の名指しにより、イスラエルの民を率いる将になられた」（「サムエル記・上」第十章第一節）。それを踏まえれば合点の行くことであるが、ミズパの部族がサウルを王としておごそかに選び歓呼して迎えたあと、サウルを王として戴くことに不満をいだいた人々が唱えた文句は、ほかでもない、こうだった。「このような男にどうしてわれらを救うことができようか」（「サムエル記・上」第十章第二十七節）。これは、次のように言っているに等しい。「戦争になっても十分な技量も指導力もないので、私たちを守ることができない。だから、私たちの王になるのにふさわしくない」。

また、神がサウルの統治権をダビデの手に移させようとしたとき、その様子はダビデの次の言葉で描かれている。「しかし、あなた（サウル）の王権は保たれる定めにない。主《しゅ》は御心《みこころ》にかなう人を求めて、『わが民の将たれ』と命じられたのだから」（「サムエル記・上」第十三章第十四節）。あたかも王の全権威が、民を率いる大将であることに尽きるかのようである。そうであってみれば、サウルの一族に忠実でダビデの支配に反対していた部族の言い分はもっともであった。彼らは、ダビデに服従することを覚悟してヘブロンにやってきたとき、王としてのダビデに服従しなければならない理屈をあれこれ当人に告げている。そのうちの一つはこうであった。自分たちは事実上、サウルの時代からダビデを王として仰いできた。したがって、今ダビデを王として迎えない理由はない。いわく、「これまでサウルが王であった間も、貴殿はイスラエルの進撃と退却を指揮された。さればこそ主《しゅ》は貴殿に仰《おお》せられたのであろう、『わがイスラエルの民を養え。イスラエルを率いる将たれ』と」（「サムエル記・下」第五章第二節）。

一一〇．このように、国を最初に創始した人々は通例、支配を一人に託した。その際、事柄の本質や統治の目的からして必要なものを別として、制限や制約は課さなかった。なぜそうしたのか。戦時に指揮官として敵の攻撃から味方を守ってくれる将帥《しょうすい》が必要だったからである。また、この世に継続性のある統治が確立し始めた時代というのは、たいてい、貧しいながらも善良な時代であり、そうした当時の純粋で誠実な気風ゆえに人々は互いに信頼し合っていたからでもある。

国家成立の経緯としては、一族が次第に発展し一国となるというパターンがある。その場合は、まず、父親の権威が長男に引き継がれてゆく。子どもたちは父親の権威のもとで順次成長し、長じては暗黙のうちにそれに服従する。権威は寛大であり、差別をしない。どこにも危害は生じない。だから、だれもがそれに黙って従う。やがて時を経るに従って権威は確実なものとなる。長年にわたる慣習に支えられ、権威を継承する権利が確定する。

別の経緯をたどることもある。数個の家族またはそれら家族の子孫が結びついて共同体を結成するというパターンである。結びつきを促す要因にはさまざまなものがある。偶然が働くこともあれば、地縁が作用することもある。商取引が媒介になることもある。

右のいずれのパターンを経て最初に一人の人間の手中に支配権がゆだねられたにせよ、ひとつ確かなことがある。すなわち、そのような委任がおこなわれたのは、もっぱら公共の利益と安全のためだ、ということである。国家が揺籃期にあったとき、支配権を握る者はそれを行使するに際して、通常、こうした目的を追求したのであった。

仮に支配者がそうしていなかったら、未熟な社会は存続しなかったであろう。公共の福祉を案じ大事にする育ての父がいなければ、国という国はいずれも、揺籃期のひよわさ、かよわさのせいで潰《つい》えていたであろう。そして君主も人民も、ともに滅んでいたであろう。

一一．いにしえに黄金時代があった。その当時は、むなしい野心やのろわしい所有欲のせいで人心が堕落するとか、その結果として真の権力と名誉について誤った考えが浸透するとかいったことはなかった。その時代には徳がそなわっていた。だから、君主は優れており、臣民も廉恥《れんち》をわきまえていた。支配者の側では、大権を拡大解釈して人民を抑圧するということはなかった。したがって人民の側でも、為政者の権力を制限、抑制するためにその特権に異を唱えるということは決してなかった＊。したがって支配者と人民との間で、統治者ないし統治をめぐって争いが起こるということはなかった。

しかし、やがて時代が下ると、君主は名誉欲と物欲に駆られ、権力の維持、拡大を願うようになった。また、さずけられた権力を用いて本来何を果たすべきなのかを忘れた。そして、周囲の阿諛《あゆ》追従《ついしょう》にあおられ、人民の利益とは別個の、人民から遊離した利益を覚えた。そこで人民は、策を講ずる必要があるのを悟った。それは、統治の起源と権利をもっと綿密に検討すること。また、君主の行き過ぎを抑え、権力の濫《らん》用《よう》を防ぐ方法を工夫することであった。人民は、ひとえに自分たち自身の利益のために権力を他人の手に託したのであるが、気がついてみると、権力の行使によって危害をこうむっていたのである。

原注＊　第七章第九十四節の原注＊に同じ。

一一二　こうしてみると分かるのは、次の説がほぼ確実だということである。「本来的に自由だった人々が自発的な同意によって父親の統治に服するか、あるいは、別々の一族の出でありながら合流し一個の統治体制を形成した。いずれにしても、人々は通例、一個の人物に権力をゆだね、その指導のもとに身を寄せることに決める。その際、支配者が誠実で思慮深ければ権力に危険性を感じないから、権力を制限、調整するための明示的な条件を支配者に課することすらしない」。

ただし人々は、君主制が神の定めによるものとはゆめゆめ考えていなかった。そのような説が人類の中で聞かれるようになったのは、ようやく当節の神学がそれを示してからのことである。人々はまた、父権が統治権を含むとか、あらゆる統治形態の基盤であるとかいったことは決して認めなかった。これだけ述べれば、以下のことを証明するのに十分であろう。すなわち、歴史に照らす限り、平和のうちに始まったいかなる統治についても、その起源は人々の同意にあったと結論づけられるということである。私は今、「平和のうちに始まった統治」と述べた。なぜそのように限定するのかというと、一部の論者が統治の始まり方の一つと見ている征服という現象については、また別途論ずることになるからだ。

右に述べたような政治的統一体の起源説に対し、もう一つ反論が唱えられている。それは次のとおりである。

一一三.「人はみな、生まれながらにして何らかの統治に服しているのであり、何人《なんびと》も自由の身であることなど、決してあり得ない。また、思いどおりにほかの人々と隊伍を組んで新たな統治を創始することは不可能であり、合法的な政府の樹立が許されるといったことはあり得ない」。

この反論が正しいとするなら、一体どうしてかくも多数の合法的君主国がこの世に出現したのだろうか。このような説に与《くみ》するのであれば、それにもとづいて、世界のどの時代でも構わない、合法的な単独支配を開始する自由に浴している人間を一人示すがよい。示すことができるというのであれば、こちらは、同時代の自由人をさらに十人ほども挙げてみせよう（ここで言う自由人とは、王政またはその他の形態の新規統治体制を思いどおりに結成、創始することができる人間という意味である）。

というのも、以下のことが明らかだからである。他人の支配下に生まれながら、新たな別の絶対的支配権を確立してほかの人々に号令する権利が得られるほど自由であるとするなら、別個の独立した統治体制の支配者か、あるいはその臣民になる自由もあるということになる。したがって、右の反論を唱える人々自身の原理に従うなら、(一) 万人は生まれの如何《いかん》を問わず自由であるか、あるいは (二) 世界に君臨する合法的な君主は一人だけであり、合法的な政府も一つしか存在しないということになる。そうだとすれば、彼らは私たちに対し、その唯一の合法的君主がだれなのか明らかにするしかない。それができたあかつきには、全人類は、世界で唯一の、その合法的君主に服従することをあっさり承諾するであろう。私はそう信じて疑わない。

一一四．上述の反論を論駁《ろんばく》するには、以上のとおり、他ならぬそうした立論に訴えると自滅するということを示せば十分である。すなわち、論敵を窮地に追い込もうとすれば同じ窮地に追い込まれる、ということを示せばよいわけである。しかし、彼らの立論の弱点をさらにもう少し明らかにしておこう。

彼らの説はこうだ。「万人は生まれながらに統治に服している。したがって、思うままに新たな統治を創始することは許されない。万人は生まれながらにして父親または君主に従属する立場にある。したがって、服従と忠誠という紐帯《きずな》によって終生しばられているのである」。だが人々は、生まれたときからおのずと父親または君主に服従するものなのだろうか。また、同意していなくても父親や君主、そしてその継承者に対する服従を余儀なくされるのだろうか。人類は、そのようなことを認めたこともなければ、考えたこともない。それは明らかである。

一一五．なぜそのように言えるかというと、次のような次第だからである。聖俗両方の歴史においてこの上なく頻繁に起こったことであるが、人々は生まれながらに服していた支配や自分たちを育ててくれた家族や共同体のもとを去り、服従をやめ、ほかの場所に新政府を樹立することがあった。彼《か》の数々の小規模な国家はいずれも、原初の時代にそのようなところから出現したのである。こうした国家の数は、地上に十分な余地がある間は絶えず増加していった。そして最後には強い国あるいは運の良い国が、弱い国を併呑《へいどん》するに至った。その後、これらの大国はふたたび分裂し、代わって小さな国々が出現した。こうしたことはどれを取っても、家父長的主権説を否定する証拠となっている。

それに照らせば一目瞭然であるが、原初の政府が成立した契機を、父親の（世襲される）自然権に求めることはできない。というのも、家父長的主権説に従うと、小規模の王国が次々に勃興することは不可能だったということになるからである。人々が自由に自分の一族を去ることも、既成の何らかの政治的統一体から離脱することもできず、また、自分が適当と判断する別の国家、他の政府を興すこともできなかったとしよう。そうだとすれば、すべては世界全体に君臨する唯一の君主国に帰着していたはずである。

一一六．世界では、その開闢《かいびゃく》から今日に至るまで、以上述べたことがおこなわれてきたのである。かつて人間は、森の中を思いのままに走り回る自由な住人の中で生まれた。今は、仕組みを整え年輪を重ねた国家のもとで生を受けるようになった。そこには、恒常的な法律と確立された統治形態がそなわっている。しかし、人類の自由が妨げられないという点では、今も昔と変わらない。このように言えるのは次のような次第だからだ。

一説によれば、「いかなる統治であれ、統治のおこなわれているところで生を受けると、自動的にそこの臣民となり、自然状態の自由を求める資格も根拠もなくなる」という。ところが、そのように唱える人々が示すことのできる根拠は、私たちがすでに論破した家父長的権力を別にすれば、ほとんどない。

唯一の例外は以下のようなものである。「われわれの父祖は、生まれつきそなえている自由を返上し、そのことによって自分自身とその子や孫を、自ら服従している国家に永遠に縛りつけたのである」。確かに、ひとたび自ら取り決めや約束を交わせば、それがいかなるものであろうとも当人は拘束される。

しかし、当人がいかなる契約を結ぼうとも、それによって子や孫が拘束されることはない。なにしろ、息子は成年に達すれば父親とまったく同様に自由になり、父親は、他人に自由を放棄するよう強要できないのと同様、いかなる手を使っても息子に自由の放棄を強いることはできないのだから。もちろん父親は、国家の臣民として利用している土地に関して、たとえば、「土地を相続したければ同じ国の臣民でなければならない」といった条件を息子に課すことはできる。なぜなら、その土地は自分の所有地であり、自分の思うままに処分または分与することが許されるからである。

一一七．このことは、今検討中の問題について世間一般の誤解を引き起こしている。なぜ、「誤解」と言えるのか。そもそも国家は、領土のいかなる部分の分割も許さないし、それを外国人が所有することも認めない。したがって、父親の所有地を享有しようとするなら、息子は通常、父親と同じ条件に服さなければならない。すなわち、同じ社会の一員になり、そうすることによって、ただちに既成の政府に服さなければならない。その際、いずれの臣民にもひけを取らないほど積極的な態度で臨まなければならない。

このように、統治のもとで生まれた自由人が同意することこそ、その国の臣民になるための要件なのである。そのような同意は、各人が成年に達するたびに順次おこなわれるのであって、一斉に大挙しておこなわれるわけではない。ところが人々は、同意という手続きに注意を払わない。そして、そのようなことは事実無根か、そうでなければ不必要だと見なし、成人になればおのずと臣民になるのだと結論づけるのである。

一一八．しかし明らかに、統治する側はこれと別の解釈をしている。父親を支配していたからという理由で息子を支配する権限があると主張することはしない。また、父親が臣民だからといって息子を臣民と見なすということもしない。

仮に、イングランドの臣民がフランスにおいて、イングランド女性との間に子どもをもうけたとしよう。その子どもはどこの国の臣民になるのだろうか。イングランド国王の臣民にはならない。なぜなら、その特権を認めてもらうためには、許可が必要だからである。かといって、フランス国王の臣民にもならない。考えてみるがよい。仮に子どもがフランスの臣民になるとすれば、なぜ父親が自由に子どもを連れ去り自分の選んだ国で育てることができるのか。外国人を両親とする者が、出生地である国を離れるか、あるいはその国を敵に回して戦ったからといって、反逆者ないし脱走者として烙印を押された例はかつてあっただろうか。

だとすれば、統治する側の慣行に従うにしても、また正しい理性の法に従うにしても、以下のことは明らかである。すなわち、子どもは生まれながらにどこかの国または政府の臣民になるわけではない、ということである。子どもは父親の保護と権威に服すけれども、それは、分別のある年齢に達するまでのことである。その年齢になれば自由人となり、どの政府に服従するか、また、どの国の一員になるかは、自由意志に任される。

それは、次の例を考えてみれば分かる。仮に、イングランド人男性の子どもがフランスで生まれたとする。子どもはやがて、自由人となり自由な行動を許される。そうなると、父親がイングランド王国の臣民だからといって、もはやいかなるしがらみにも束縛されることはない。また、父祖がいかなる契約を結んでいても、それに拘束されることもなくなる。だとすれば、その子どもも、出生地とは無関係に、同じ理屈にもとづいて同じ自由を享受するはずである。なぜなら、父親が息子を支配する天与の権力は、息子の出生地がどこであろうと変わらないし、息子が生まれつき父親に対して負っている義務のきずなは、君主国や共和国の実定法によってその最低限度が定められているわけではないからだ。

一一九. すでに示したとおり、人はみな、本来的に自由である。本人の同意がない限り地上の権力に服従することはない。したがって考察すべきは、何をどうすれば一国の法に服することを承諾し、それを遺憾なく宣言したことになるのか、ということである。承諾ないし同意は一般に、明示的なものと暗黙のものに区別される。このことは、今検討中の問題にかかわっている。疑う余地のないことであるが、共同体を結成するという明示的な同意があれば、同意した本人は、その共同体の正真正銘のメンバーとなる。すなわち、その国の臣民となる。

厄介なのは次の問題である。何をもって暗黙の同意と見なすのか。また、それはどこまで拘束力を持つのか。言い換えるなら、何ら同意を表明しない場合、どの程度同意したことになるのか、そしてその同意によってどの程度統治に服したと見なされるのか、ということである。この問いに対する答えはこうである。ある国の領土のいずれかの部分を所有ないし利用している者はだれでも、そうすることによって暗黙の同意を与えているのであって、土地を利用している間はずっと、その国の法に服従する義務を負うのである。その統治下に置かれた他のだれもがそうであるのと同様である。土地の利用には、永代《えいたい》所有を始めさまざまな形態がある。わずか一週間の滞在であっても、あるいは単に街道を自由に往来するだけであっても、土地を利用していることになる。事実上、その国の領内にいるということだけでも、土地の利用にあたるのである。

一二〇．以上のことは、次のように考えてみればよく理解できる。初めに国家の一員になるとき、身柄が国家に加わるのにともなって、現有の、あるいは将来取得することになる財産も、国家に加わる。そして、その支配下に置かれる。ただし、それらの財産が以前からほかの国に帰属しているのであれば、話は別であるが。考えてもみよ。所有権の確保と調整を目的としているからこそ、ほかの人々とともに国家という共同体を結成するのである。それでいて自分の所有地が、おのれの戴く政府の管理管轄をまぬかれると想定するなら、それはあからさまな矛盾である。土地所有権は、当該共同体の法律によって規制されるのが筋である。

このようなわけで、以前自由だった身をどこかの国にゆだねるなら、まさにその行為により、それまで自由だったおのれの財産もその国の一部となるのである。こうして身体と財産の両方とも、国が存続する間はその統治と支配に服することになる。したがって、相続・購入・許可、そのほかの手続きを経て、それ以降土地の恩恵を受ける者は、土地に課されている条件も併《あわ》せて受け入れなければならない。すなわち、土地を管轄している国家の統治に、ほかの臣民と同様に服さなければならない。土地は国家の一部であり、その統治下にあるのだから。

一二一．しかし、国の直接の管轄権は土地にしか及ばない。土地の所有者にまでそれが及ぶのは、所有者本人が（国という共同体に実際に加わる前の段階では）その土地に居住しそれを享有する間だけである。土地を享有する者に均《ひと》しく課せられる義務、すなわち国に服従する義務は、土地の享有とともに始まり、享有の終了とともに終わる。したがって、国に対して暗黙の同意しか与えていないとすれば、贈与、売却、そのほかの手続きによって当該の不動産を手放すときにはいつでも、よその国におもむいてその一員となる自由がある。また、ほかの人々と合意することによって、新たな国を興すことも自由である。その際、場所は、そこが使用も専有もされていないのであれば、世界のどこでも差し支えない。これに対して、実際の取り決めや何らかのはっきりした意思表示によってどこかの国家の一員になることをひとたび承諾すると、変わることなくその国の臣民でいることが終生の絶対的な義務となる。もっとも、何らかの災難によって自分の属している国が瓦解《がかい》したとか、何らかの公的な決定によって国籍を剝奪されたとかいった場合は、話はおのずと別である。

一二二．しかし、ある国の法に服し、平穏に暮らし、法のもとで保護と特権を享受しているからといって、その社会の一員になれるわけではない。これは単に出先で保護を受けているだけのことであり、表敬が交換されているにすぎない。法の力が隅々にまで行き届いている国の領土に足を踏み入れると、だれでも、交戦中の国から来たのでない限り敬意をもって迎えられ、敬意をもってそれに応《こた》えることになる。しかし、だからといってその社会の一員にはならない。すなわち、その国の恒久的な臣民にはならない。それはちょうど、都合でしばらくの間だれかの家に滞在したからといって、その家の家臣になるわけではないのと同じことである。確かに、そこにいる限りは、現地の法律に従い現地の政府に服することが義務となるのではあるが。

以上のことから次のことが分かる。すなわち、他国の政府のもとで一生を過ごし、その政府の特権と保護を享受する外国人は、良心的にと言っても過言ではないほど、ほかのあらゆる住民と同様にその施政に従わなければならないが、それでもその国の臣民すなわち構成員になることはないのである。いかなる人間もそうはなれない。ただし、明確な取り決めや、明示的な約束ないし契約によって実際に国家に加わるのであれば話は別である。

以上、政治的社会の起源について、また、人を国家の一員にする彼《か》の同意というものについて、私見を述べた。

第九章　政治的共同体と統治は何を目的とするのか

一二三．自然状態にある人間は、これまで述べたとおり自由である。人間はまた、自分の身体と財産を支配する絶対的な主《あるじ》である。どれほど偉大な人物とも対等であり、だれにも従属していない。そうだとすると、人間が自分の自由を手放すのはなぜか。また、みずからの絶対的統治権を放棄し、他人の権力の支配と統制にわが身をゆだねるのはなぜか。

それに対しては、次のように答えれば疑問が晴れるであろう。確かに、自然状態に置かれているとき人間はそのような権利を持っているが、しかしその権利を思いどおりにできるかというと、はなはだ不確かであり、ほかの人々から権利を侵害される危険が絶えずつきまとっているからである、と。考えてもみよ。万人がこちらと同じように王である以上、相手は皆こちらと対等であり、しかも大半の人々は、公正と正義を厳格に遵守《じゅんしゅ》しているわけではない。したがって、このような自然状態にある所有権は、ひどく危ういし、心許《こころもと》ない。だからこそ人間は、自由があるとはいえ不安と絶え間ない危険に満ちている現状に、終止符を打とうと積極的になる。したがって、人間が私の言う所有物（生命・自由・財産）を互いに保全するために共同体を求め、そこに加わろうとするのは、もっともなことである。手をたずさえる相手は、すでに団結している人々か、あるいは団結する気になっている人々である。

一二四．したがって、人間が国家を結成し、みずからその統治に服す最大の目的は、所有権の保全にある。自然状態では不備が多くてそれができない。

第一の不備は、確立、定着した法、公認の法がないということである。そのような法が社会全体の同意によって受け入れられ認められていれば、それは正邪の基準として、また、人々の間に起こる争いごとを裁定するための共通の尺度として機能するのだが。このような法の欠如がなぜ問題になるのかというと、それは以下の理由による。自然法は明白であり、理性をもった被造物すなわち人間は、だれでもこれを理解することができる。しかし、人間は自己の利益に左右されるので、どうしても自己本位の判断にとらわれる。また、自然法を研究したことがないので、その知識もない。したがって、個々の案件に自然法を適用するに際して、それが拘束力を持つ法であるということを、なかなか認めようとはしない。

一二五．第二に、自然状態においては、公認の、公平な裁判官が存在しない。すなわち、既存の法にもとづいてもめ事を裁定する権威をそなえた裁判官が存在しない。それは、次のような事情による。自然状態においては、だれもが自然法の裁判官と執行官を兼ねる。ところが人間は、わが身がかわいい。だから自分のことになると、とかく情念や復讐心に駆られて行き過ぎに走ったり、逆上したりしがちである。一方、他人のことになると、無頓着や無関心が原因となって不行き届きが起こる。

一二六．第三に、自然状態にあっては、正しい判決を支持、支援し、それをしかるべく執行する権力が欠けている。不正を働き罪を犯した連中は、状況が許す場合には必ずと言ってもよいほど、実力に訴えておのれの不正行為を正当化しようとする。そのような抵抗がおこなわれるので、処罰という行為には危険がともなうことが多い。処罰を試みる者が被害者になることもしばしばである。

一二七．このように人類は、自然状態であれば種々の特権が与えられるにもかかわらず、そこにとどまっていると悪条件にさらされるばかりなので、共同体を結成しようという気持ちに駆られる。だからこそ、少人数にせよ多人数にせよ、複数の人間が自然状態のまま生活をともにするという例は、滅多に見かけられないのである。いつの時代でもそうである。自然状態に置かれたままだと不都合にさらされる。というのも、他人の罪を懲らす権力はだれにでもあるが、その行使は場当たり的で、しかも不確実なものにならざるを得ないからである。だから人々は、国の実定的な法に保護を求め、それによって所有物（生命・自由・財産）を保全してもらおうとするのである。このようなわけで人々は、一人ひとりが個々に持っている処罰権を進んで放棄し、仲間内から指名された特定の者にそれを行使させる。その際に適用されるのは、共同体（あるいは、その権限を託された代表者）がその目的のために合意した決まりである。

国家と社会、そしてその立法権力と執行権力が成立するそもそもの根拠と事情は、ここに求められるのである。

一二八．なぜそのような権力をことさらに取り上げるのかというと、当たり障《さわ》りのない楽しみを満喫する自由は別として、個々の人間は二つの権力をそなえているからである。

第一の権力とは、自然法の許す限りにおいて、自分自身と他人を保全するために適切と考えられることをやってのける力のことである。そもそも全人類は、人類全体に共通する自然法のおかげで一個の共同体と化し、ほかのあらゆる被造物から区別される一個の社会を構成している。したがって、堕落した人々が腐敗したり悪の道に走ったりすることがなければ、別個に社会をもうける必要もない。また、この偉大な自然の社会から離脱し、明文化された合意にもとづいて群小の共同体を結成する必然性もない。

自然状態に置かれた人間がそなえているもう一つの権力は、自然法違反を懲らす力である。この両方の権力を放棄することになるのは、いわば私的な、すなわち個別的な政治的共同体［国家］を結成するときである。また、ほかの人々と袂《たもと》を分かって何らかの国家に加わるときである。

一二九．第一の権力、すなわち、自分自身とそのほかの人々を守るために適切と考えられることを何事であれやってのける力を放棄すると、その力は当該社会が設けた法律によって規制される。ただし法律による規制は、当人を含め社会の全構成員を守るために必要とされる範囲にしか及ばない。そのような法律によって、自然法にもとづいて許されていた自由は、さまざまな面で制限される。

一三〇．第二に、処罰権は全面的に放棄される。そして、個人の天与の力は、社会の執行権力を後押しするべく、社会の法の求めに応じて用いられるようになる。それまで処罰権は、自然法を執行する際、本人が自分で適切と判断するとおりに、本人の裁量にもとづいて行使することが許されていたのであるが。処罰権が返上されるのは、次のような理屈による。今や新たな状態に置かれ、共同体が全力で提供してくれる保護を受けられるばかりか、同じ共同体に属している人々の労働・協力・交誼《こうぎ》からあまたの便宜を享受することになる。だから自分の側でも、自活していたときに享受していた天与の自由を、共同体の要求に応じて手放さなければならないというわけである。共同体ではそれによって福利・繁栄・安全を図るわけである。このようなことはただ単に必要であるばかりか、正しいことでもある。同じ社会のほかの構成員もみな同じようにしているのだから。

一三一．共同体を結成するとき、人々は自然状態において保有していた平等・自由・執行権力を放棄し、社会の手にゆだねる。立法部はそれを、できるだけ社会の利益にかなうように用いなければならない。しかし、このような委託がおこなわれるのは、ほかでもない、各自が自由と所有権の保全を満足の行くものにしたいと願っているからである（なにしろ、理性的な被造物がおのれの環境を変化させるにあたって、それを劣悪なものにしようと意図することはあり得ないのだから）。したがって、社会の権力、すなわち人々が設けた立法部の権力は、公益を超えるところまで及ぶはずがない。それどころか、各人の所有権を確実なものにする義務がある。具体的に言うと、自然状態を危ういもの、不確かなものにしている上記三点の欠陥［第一二四〜一二六節］に対して備えを講じなければならない。

このような次第で、国家の立法部すなわち最高権力を握る者はだれでも、統治をおこなう際に以下のことを求められる。その場限りの布告ではなく、確立された恒常的な法律、公布され周知のものとなっている法律に依拠すること。そのような法律にもとづいて紛争を裁定するべく、公平で清廉《せいれん》な裁判官を用いること。最高権力者はまた、共同体の実力行使を限定しなければならない。実力の行使が許されるのは、国内では、右に挙げた法律を執行するときだけである。対外的には、外敵からの被害を未然に防ぐか、または被害を旧に復する場合、あるいは外から侵入、侵略されないように共同体の安全を図る場合である。要するに、これらのことはいずれも、もっぱら人民の平和・安全・公益という目的だけを目指さねばならないのである。

第一〇章　国家の各種形態について

一三二　すでに示したとおり、まず初めに共同体が結成されると、当然のことながら、ただちに多数派が共同体のすべての権力を握る。多数派はその全権力を行使し、時に応じて共同体のために法律をもうけ、みずから任命した官吏を通じてそれを執行する。このような統治形態は完全な民主制である。また、法律をもうける権力を、少数の選ばれた人々とその後継者の手中に託すという方式もある。これは寡頭制である。あるいは、そうした権力を一個の人物の手中に託すこともある。これは君主制である。そして、君主制には二種類ある。法律をもうける権利を、一個の人物およびその嗣子にゆだねるのであれば、世襲制の君主制である。権力が一代限りであって、君主の死後に後継者を指名する権力だけが多数派の手に取り戻されるのであれば、選挙制の君主制である。

さらに共同体は、状況に応じてこれらの形態を組み合わせて、望ましいと考える統治形態を合成することもできる。たとえば、こうである。最初、一人または複数の人間に、多数派が立法権力を付与する。ただし無期限というわけではない。一代限りで、あるいは一定の年限が来れば、その最高権力は多数派に回収される。こうしておけば、実際にそうした権力が戻ってきたとき、共同体はそれをふたたび意中の人物にゆだね、新たな統治形態を制定することができる。なぜことさらに新たな統治形態の制定という言い方をするのか。次のことを考えれば納得していただけよう。統治形態は、最高権力すなわち立法権力の所在に左右される。下位の権力が上位の権力に指示を下すとか、最高権力以外の権力が法律を制定するとかいった事態は想像できない。国家の形態はやはり、法律を制定する権力がどこにあるかに応じて異なるのである。

一三三　私が常々国家（commonwealth）という言葉を使って意味しているのはどのようなものか。それは民主制や、その他の何らかの統治形態ではない。それは独立した共同体のことである。そう理解していただかなければならない。ローマ人はそれを、キヴィタス（civitas）という言葉で表した。私たちの言葉でそれに最もよく当てはまるのは、国家（コモンウェルス）である。英語のコミュニティ（community）やシティ（city）という言葉を使ったのでは、それを適切に表現することはできない。というのも、コミュニティは国家の下位区分となっていることがあるし、また、私たちの言うシティは、コモンウェルスとはまったく違った概念だからである。そこで、曖《あい》昧《まい》さを避けるためにこのコモンウェルスという言葉を、ジェームズ一世［一六〇三〜二五年在位］が使った意味で用いることをお許し願いたい。私もそれが真正の語義だと考えている。しかし、コモンウェルスという言葉がお気に召さないということであれば、それに代えてもっとふさわしい言葉を使っていただいても異存はない。

第一一章　立法権力の及ぶ範囲について

一三四　人々が社会という共同体を結成する主たる目的は、所有物（生命・自由・財産）を平穏かつ安全に享受することにある。そして、そのための主要な手段、方法となるのは、共同体において確立された法律である。あらゆる国家の枢要にして基本的な実定法は、まず立法権の確立をおこなう。なぜなら、枢要にして基本的な自然法が社会を保全し、（公益に反しない限り）社会の各構成員を守っており、その支配は立法権そのものにも及ぶからである。

さて、この立法権は国家の最高権力であるばかりではない。立法権は、ひとたび共同体から委託されると、それを引き受けた者の手中において神聖なものとなる。手出しは無用となる。それ以外の何人《なんぴと》の命令も、公的に選出され指名された立法部の承認を得ない限り、法律としての効力と拘束力を持ち得ない。そのような命令は、いかなる形式をとろうとも、あるいはいかなる権力の後押しを得ようとも、無効である。というのも、立法部による承認がなければ、法律が法律になるために絶対に必要なもの、すなわち社会の同意を得ているはずがないからである。社会の同意と社会からさずかった権威がない限り、法律を制定する権力を、社会に対して行使することはできない*。

したがって、この上なく重々しい紐帯《きずな》によってだれもが課される服従の義務は、元をたどればことごとくこの最高権力に行き着くのである。服従を命じるのは、最高権力が制定する法律にほかならない。社会の構成員が、外国の権力に対して、あるいは国内の下位権力に対して何らかの誓いを立てるといったことはあるかもしれない。だが、いかなる誓いを立てようとも、社会の信託に従って機能している立法権力には、服従しなければならないし、それを免除されることはない。また、このようにして制定された法律に反する義務や、それらの法律によって許される範囲を超える義務を負わされることもない。「人間を縛り、最高権力に限らず社会のいかなる権力にも服従させることは、究極的には可能だ」と考えるなら馬鹿げている。

原注＊「合法的な法律を制定し、人間の政治的共同体の隅々にまで威令を行き渡らせるとする。そうするための権力は当該の共同体全体に属すはずである。したがって、地上の君主または権力者が、どれほど立派な人物であっても、ほかならぬその権力を独占的に行使するなら単なる専制と同じことになろう。ただし、神からじきじきに明示的な委任を受けるか、あるいは、法律を適用される人々の同意に由来する権威に依拠しているのであれば、話は別である」（フッカー『政治機構としての教会』第一篇第十章）。

「したがってこの点については、以下のことに留意しなければならない。人間は本来、政治集団全体に対して命令するための十分かつ完全な権力を持っているわけではない。したがって、我々が何の同意もしていないのに、他人の命令のもとで生活を営むことなどあり得ない。しかし、自分の所属するその集団が、かつて、命令されることに同意し、その後もそれを全員の合意にもとづいて撤回したのでなければ、我々は今もそれに同意していることになる。このように、いかなる人的な法も、同意があって初めて有効になるのである」（同右）。

一三五．立法権力のあり方は国ごとにまちまちである。立法権力は、一人の人間が握っているかもしれないし、複数の人間が握っているかもしれない。常設かもしれないし、時に応じて招集される方式かもしれない。いずれにしても立法権力は、各国において最高権力となっている。しかし、である。

第一に、立法権力は、人民の生命と財産に対して絶対的な恣意性を発揮するものではない。また、そのようなことはあり得ない。そもそも立法権力は、当該社会の各構成員が立法者（個人または合議体）にゆだねた権力の総和にほかならない。つまり、それら構成員が社会を結成する以前に自然状態で保有していて、社会にゆだねたものにすぎない。しかも、何人《なんぴと》も自分の持っている以上のものを他人に譲渡することはできないし、みずから命を絶つとか、他人の生命や財産を奪うとかいった絶対的な恣意的権力も、持っていないのである。それは、権力を向ける対象が自分自身であろうと他人であろうと同じことである。すでに証明したことであるが、人間はみずからを、他人の恣意的な権力に服従させるわけにはいかない。また、自然状態にあっては、他人の生命・自由・財産を支配する恣意的な権力は持っていない。持っているのは、自分自身を含む人類を守るために自然法によって与えられた権力だけである。共同体に(また、それを通じて立法権力に)人間がゆだねることのできるものは、ゆだねることのできるものは、これに尽きる。したがって、立法部もこれ以上の権力を持つことは不可能である。立法部の権力は、どれほど拡大解釈しても、社会の公益を超えるものにはならないし、臣民を守るほかには何の目的も持たない。だから、臣民を殺したり、奴隷にしたり、故意にその富を奪ったりする権利はない*。

自然法の義務は、社会の中に置かれたからといって、消えてなくなるわけではなく、むしろ多くの場合、より精緻《せいち》な形で成文化され、人的な法律により公認の刑罰を付加される。だからそれは、否応なく遵守しなければならなくなる。こうして、自然法は万人にとって、すなわち一般人にとっても立法者にとっても、永遠の掟《おきて》として有効性を保つ。立法者が他の人々の行動のために設ける決まりは、立法者を含む万人の行動もそうだが、自然法すなわち神の意向によく合致していなければならない。なにしろ自然法は、神の意向を告げるものなのだから。自然法という基本法は、人類を守っているのである。自然法に反するのであれば、いかなる人的制裁も、妥当性すなわち有効性を失うことになる。

原注＊「公共の社会を支える基盤は二つある。一つは、人間ならだれしも生まれつきそなえている傾向、すなわち社会的、個人的交流を望むという性向である。もう一つは、共同生活における融和の方法について明示的に、あるいは暗黙のうちに取り決められた秩序である。後者は、我々が国家の法《おきて》と呼んでいるものであり、政治的共同体の真髄にほかならない。政治的共同体の各部分は、法によって生命を吹き込まれ、全体的な調和を与えられ、公益の求めに沿った機能を発揮し始める。政治的な法は、人間相互の外的秩序と支配のために制定されるものであり、次のことを忘れると理想的な形に仕上がらない。すなわち、人間の意志は内面においては頑迷《がんめい》かつ反抗的であり、神聖な自然法に対する一切の服従を嫌悪するということである。一言で言うと、性根が悪いという点で人間は野獣と似たようなものだということである。それでも政治的な法は、そのような前提に立ち、人間の外面的な行動に枠をはめ、社会設立の目的である公益が侵害されないようにする。さもないと、政治的な法は完璧なものにはならないのである」（フッカー『政治機構としての教会』第一篇第十章）。

一三六．第二に、立法権力は最高権力ではあるが、その場限りの恣意的な命令によって支配する権力をそなえているのだ、などと自負されては困る。* 立法権力を握る者は、公布済みの恒常的な法律を頼り、公認の、権威ある裁判官を用いなければならない。そうすることによって、法を施行し、臣民の権利を確定しなければならない。それは次のような次第だからである。自然法は、成文化されておらず、人々の心の中にしか見いだすことができない。ところが人々は、一時の激情に駆られたり、利益のために目がくらんだりするので、自然法を援用、適用するにあたって、ともすれば間違いを犯しがちなのである。

そのような人々は、専門の裁判官がいないと、みずからの間違いをなかなか自覚しない。こうしたわけで自然法は、自然法のもとで生活する人々の権利を確定し所有権を擁護しなければならないにもかかわらず、その点では役に立たない。特に、各人が自然法の裁判官・解釈者・執行官の役割を務め、しかもみずからが事件の当事者である場合にはそうである。その上、正義の主《ぬし》が通常そなえているのは、自分一人の力だけであり、それは、権利の侵害から身を守り、罪を犯した者を処罰するのに十分な力ではない。

自然状態に置かれていると、このような不都合が起こり、人々の所有権に支障が生ずる。それを避けるために人々は社会を結成する。そうすれば、社会全体の力を合わせ、所有権を守り貫くことができる。また、所有権の範囲を定める恒常的な決まりをそなえることができる。それによって、各人はどこまでが自分の所有に帰するのかを知ることができる。このような目的を達成するために、人々は生得の権力をことごとく、自分たちの結成する共同体にゆだねるのである。そして、共同体は立法権力を、ふさわしいと思われる者の手にゆだねる。人々はその際、布告済みの法律によって支配されることを信託した形になる。このようにしないと、平和・安寧・所有権は、自然状態の時と同じように不確かな環境に置かれたままとなる。

原注＊「人的な法は、人間に対して適用される準則である。人間はそれを指針として行動しなければならない。しかしそのような準則は、それより高次元の掟《おきて》に照らして正しいものでなければならない。そのような高次元の掟は二つある。すなわち、神の掟と自然法である。したがって、人的な法を制定する際、それを偉大な自然法に従わせることが必要である。また、聖書という明示された法にいささかも矛盾することのないようにしなければならない。そうでない限り、その法には瑕疵《かし》があるということになる」(フッカー『政治機構としての教会』第三篇第九章)。

「何事であれ、人に迷惑なことを無理強いするのは、道理に合わないことのように思われる」(前掲書、第一篇第十章)。

一三七．絶対的な恣意的権力は――確立済みの恒常的な法律を欠いた統治とも言い換えられるが――いずれにしても、社会および国家の目的と整合しない。わざわざそのような統治を招くために自然状態の自由を放棄したり、そこに身をゆだねるために身を寄せ合ったりする者はいない。なにしろそのような権力は、生命・自由・財産を守ってはくれないし、権利と所有に関する成文化された決まりにのっとって平和と安寧を確保することもしないのだから。一人の人物に、あるいは複数の人物に絶対的な恣意的権力を託し、おのれの身体と財産を支配させる。また、為政者にやりたい放題のことをする力をゆだね、されるままになる――。そのようなことは理屈の上では可能だとしても、人々が実際にそうしようと思い立つはずはない。そうしたことをすれば、自然状態よりも劣悪な状態に陥ることになるからだ。自然状態に置かれていた時代であれば、人々はだれかの単独の仕業《しわざ》により、あるいは何人《なんにん》かの結託により権利が侵害されそうになったとき、身を守る自由があった。対等な力関係のもとで、そうした権利の維持を図ることになっていたのである。

ところが、立法者の絶対的な恣意的権力にわが身をゆだねたのだとすれば、みずから武装を解き、立法者に武器を与えたに等しい。そのようなことをすれば、立法者の気分次第で餌食《えじき》にされるだろう。十万人に号令する一人の人物と、十万人から成る烏《う》合《ごう》の衆。前者の恣意的権力にさらされているほうが、はるかに条件が劣悪である。なぜなら、そのような号令を下す者は十万倍の力をそなえているというのに、その意志がほかの人々の意志よりも善良であるなどということは、いささかも保証されないからである。

したがって、国家がいかなる形態をとろうとも、支配権力が統治をおこなうにあたっては、明文化された公認の法律を用いるべきであって、その場限りの布告や曖昧《あいまい》な決議に頼るべきではない。なぜなら、そのようなことをすれば人類は、はるかに劣悪な状況に置かれるからである。以下の場合がそれである。大衆の力をまとめて一人または複数の人間にゆだねる。委任を受けた側では、おのれを律し正すための準則に縛られておらず、随意に人類を法外かつ放埒《ほうらつ》な命令に服させる。しかもそれらの命令は、唐突な思いつきに発するものであったり、土壇場になるまで伏せられていた意志を体現するものであったりするのである――。

公認の法が重要だと強調するのは、以下のような次第だからである。国家の全権力は、もっぱら社会の公益に貢献すべきである。それは恣意的に、また随意に扱ってよいものではない。確立された公認の法律にもとづいて行使しなければならない。そのようにしておけば、人民はみずからの義務をわきまえるし、また、法の範囲内で安全と安心を確保することができる。支配者は支配者で、しかるべき限度を踏み越えられなくなり、手中に収めた権力に誘惑されてそれを行使する際に目的や手段を誤るということもなくなる。すなわち、権力を握っていなかったら自分でも気づかなかったような、進んで公言するわけにはいかないような目的と手段に溺れることはなくなる、ということである。

一三八．第三に、所有物（生命・自由・財産）は、その持ち主が同意しない限り、そのいかなる部分といえども最高権力が勝手に召し上げることはできない。理屈はこうである。所有権の保全こそ統治の目的であり、まさにその目的のために人々は、社会という共同体を結成するのである。したがって、人民が所有権を保有することは、何がどうあろうと、当然かつ必要なことなのである。そうでなければ人民は、共同体を結成することによって結成の目的を失うことになると仮定せざるを得ない。しかし、そのような仮定は目に余るほど不合理であり、とても人の容《い》れるところとはならない。

このような次第だから、社会に身を置く人々は所有権を保ち、共同体の法律に照らして自分のものとされる財貨に対し、排他的な権利を保っているのである。だから、所有者本人が同意しない限り何人《なんぴと》といえどもその所有物を、あるいはその一部を取り上げる権利はない。そうでないと所有権は、あってなきが如《ごと》し、ということになる。というのも、所有者の意志を踏みつけにして所有物を勝手に取り上げても構わないとすれば、所有者には真の所有権はないということになるからである。したがって、「国家の最高権力すなわち立法権力は、欲するとおりのことをやってのけられる」とか、「臣民の資産をほしいままに処理し、勝手にその資産の一部を奪うことができる」とか考えるなら誤りである。

このような事態になることをさほど恐れなくても済む国もある。それは、メンバーの入れ替えを常としている合議体に、立法権力の全体または一部をゆだねている国である。そこでは合議体が解散されると、同時にその構成員も一介の臣民となり、ほかの人々と同様、共通の国法のもとに置かれるのである。

しかし立法権を、メンバー不変の、解散のない恒久的な合議体か、あるいは絶対君主制のように一個の人物にゆだねている国もある。そこではやはり危険をまぬかれない。具体的に言うと、立法権を握った人々は、自分たちは共同体の他のメンバーと利害を異《こと》にすると考えるであろう。そして、人民の手から取り上げてもよかろうと独り決めしたものを収奪することにより、自分の富と権力の増大を図ろうという気持ちに駆られるであろう。むべなるかな。臣民に命令を下す側が、一般人の所有物のうち自分の気に入ったものを奪い、気の向くままにそれを利用、処理する権力を握っているのであれば、個人の所有権は何ら保障されていないに等しい。臣民相互の間に所有権の限度を定めた妥当で公正な法律があるとしても、それは無力である。

一三九． しかし、すでに述べたとおり、統治というものはだれの手に託されるにせよ、人々の所有権を保全することを条件および目的としておこなわれるのである。だから、君主または議会には、臣民相互間の所有を調整するために法律を制定する権力こそそなわっているけれども、臣民の側の同意がない限り、臣民の所有物の全部または一部を勝手に取り上げる権力は一切ない。というのも、仮にそのような権力があるということになると、人民は実質的に所有権をいささかも持っていないことになるからである。そして、絶対的な権力が必要とされる場合もあるが、そうした権力といえども、絶対的であるからといって恣意的であるわけではない。むしろ、権力の絶対化を迫る理由や目的によって制限、限定される。

そのことを理解するには、軍紀の実態を一瞥《いちべつ》すれば十分であろう。軍隊を維持し、ひいては国家全体を維持するためには、上官の命令には絶対的に服従しなければならない。上官の命令がいかに危険で理不尽であろうと、それに服従しなかったり異《い》を唱えたりすれば、処刑されてもやむをえない。しかし、である。確かに軍曹は兵士に対し、敵軍の砲口に向かって前進せよとか、戦死を覚悟しなければならない状況で敵の攻撃を阻止せよとか命ずることが許されている。だが、兵士の持っている金銭については一銭たりとも寄越せと命ずるわけにはいかない。

また、兵士が持ち場から脱走したり、あるいは無謀きわまりない命令に従わなかったりしたとする。それを理由にして死刑を宣告することのできる将軍といえども、その兵士の財産となると、一文たりとも勝手に始末するわけにはいかない。また、兵士の財貨は、そのほんの一部であっても奪うわけにはいかない。人の命を預かる絶対的な権力を最大限に行使しても、そのようなことは許されないのである。ただし、軍務のことであれば、将軍は兵士に対していかなることでも命令できるし、ほんのわずかな反抗が見られただけでも絞首刑を言い渡すことが許されているが。

なぜ右のように言えるのか。兵士が盲目的に服従しなければならないのは、一般人を守るという目的があるからに他ならず、司令官はそのような目的のために権力を与えられているのであって、兵士の財貨を処分することは一般人を守ることと何の関係もないからである。

一四〇．確かに、多大の費用をかけないと政府を維持することはできない。政府から保護を受けるという恩恵に浴しているのであれば、そうした政府を維持するための代価として、各自が財産の中から分担金を支払うのはもっともなことである。

しかしその場合でも、各自の同意すなわち多数派の同意が必要である。同意は、本人がみずから与えることもあるし、選出された代議員を通じて与えることもある。同意が必要とされるのはなぜか。権威を笠に着て人民の同意を得ずに課税および徴税をおこなうとすれば、それは、所有に関する基本法を犯したことになるので統治の目的にそぐわないからである。考えてもいただきたい。だれかが好き勝手なときにこちらの所有物を奪い取る権利を握っているとしたら、こちらには、いかなる所有権があるのだろうか。

一四一．第四に、立法部は、法律を制定する権力をほかのだれかに譲渡することはできない。というのも立法権力は、人民からの預かりものにすぎないのであり、そこからさらに他者に引き渡す性質のものではないからだ。立法部を設け、それをだれの手にゆだねるか決める。こうして国家の形態を定めるのであるが、それを許されるのは人民だけである。したがって、人民がひと度、「我々は、かくかくしかじかの人々が設け、かくかくしかじかの形式で表現された法令に服する」と宣言すると、外部から、ほかの人々に法律を制定してもらうべきだ、などと口出しすることはできない。

人民によって選出され、立法権をさずけられた人々がいる。そして、そのような人々によって制定された法律がある。そうした法律があって初めて、人民を縛ることができるのである。立法部の権力は、もともと人民を淵源《えんげん》とする。そして、人民が自発的に権限をさずけ、制度を整えるという明示的な手続きを経て成立しているのである。したがって立法部の権力は、だれの目にも明らかな授与という形で委譲されたものにすぎず、法律を制定することだけを目的としているのである。立法者を生み出すことは、目的に含まれない。このような次第で立法部には、立法権を他の人々の手に譲渡する権限はないのである。

一四二 統治形態はさまざまでも、立法権力に制限が課せられるという点ではいずれの国も同じである。そのような制限は、社会から与えられた信託には付きものであり、神の掟と自然法が作用しているところでは避けられない。以下、このような制限を要約しておこう。

第一に、支配は、公認の確立した法律にもとづいておこなうべきである。それは、その場その場で変更すべきものではない。金持ちにも貧乏人にも、また、宮廷の寵《ちょう》臣《しん》にも田舎の農夫にも、同一の基準を適用すべきである。

第二に、そのような法律はまた、究極的には、まさに人民の利益を計ることだけを目的としていなければいけない。

第三に、人民が直接に、あるいは代表者を通じて同意しない限り、立法部は人民の所有しているものに対して税を課してはならない。ただし、厳密に言えばこのような制限の対象となるのは、常設の立法部をそなえている政府だけである。あるいは、少なくとも、時に応じて選出される代議員に対して人民が立法権を全面的にゆだねている政府だけである。

第四に、立法部がだれかに立法権を譲渡するなどということは、あってはならない。それは、あり得ないことでもある。立法権は、人民が据《す》えた場所にしか据えてはならないのである。

第一二章　国家の立法権、執行権、外交権

一四三　国家という共同体はその組織と構成員を守るために、みずからの力をどのように用いたらよいのだろうか。立法権力は、そうした指針を示す権利を有している。しかし、立法部は常設である必要はない。なぜか。確かに法律は恒常的に執行すべきものであり、その効力も恒久的でなければならないが、法律の制定は短期間にやってのけることができるからである。立法部は、審議すべき案件を常時かかえているわけではないのである。

立法部が常設であると、ほかにも問題が生ずる。人間には、とかく権力を握りたがるという弱点がある。それだけに、立法権を握るばかりか、同時に法を執行する権力を握ることが可能だとなれば、それは抗しがたい誘惑となろう。立法権と執行権の両

方を握った者は、みずからが制定した法律に服さずに済むよう仕組むであろう。そして法律を――制定する際にも執行する際にも――自己の個人的利益に従わせようと画策するであろう。こうして、共同体の一般人との間で利害が対立するようになる。そのようなことは社会と国家の目的に反している。

かくなる次第で、秩序がよく整っていて、全体の利益がしかるべく斟酌《しんしゃく》される国家においては、さまざまな人々に立法権力を担《にな》わせるように取り計らっている。人々はしかるべき時期が来ると参集し、法律を制定する権力を専有する。あるいは、他の人々と共有する。そして、ひとたび法律を制定すると解散し、自分たちが制定した法律に服する。その結果として新たに、しかも厳しく束縛される。そして、法律を公益のために制定するよう心がけるようになる。

一四四．しかし、である。法律というものは即座に、また短期間のうちに作られるが、その効力は恒常的、恒久的である。そこで、法律を常時執行すること、あるいは法律の意を常時汲《く》むことが必要になってくる。したがって、制定済みで効力を保った法律があるなら、それを執行する権力を常設しておく必要がある。このような次第で、立法権力と執行権力は往々にして分離されるに至る。

一四五．それぞれの国には、もう一つ別の権力がある。そのような権力は、各人が国家という共同体を結成する以前に、自然状態において保有していた権力に相応する。したがってそれは、もともとそなわった自然的な国家権力と称することができる。それはこういうことである。国内では、国の構成員は互いに個々別々の存在であり、それを前提として国法の支配を受ける。しかし対外的に見ると、構成員は他の構成員とともに一体をなしている。一体としての構成員は対外的な観点から見ると、各構成員がかつてそうだったのと同じように依然として自然状態に置かれている。したがって、共同体の構成員と外部の何者かの間で紛争が起こると、全体で対処することになる。また、一人の構成員の権利が侵害された場合には、全体でその復旧にあたることになる。したがって、以上のことを踏まえるなら、国家という共同体は、他国や外国人との関係において自然状態に置かれている、ということになる。

一四六．したがって、こうした国家権力には、以下のことをおこなう権力が含まれる。戦争に訴える。和平を講ずる。連合や同盟を結ぶ。他国の人間および政府との交渉を一手に引き受ける——。これを外交権（federative power）と称したければ、そう呼んでも差し支えない。実態をかくのごとく理解してもらえるのであれば、私は名称にはこだわらない。

一四七．執行権と外交権は本質的に別物である。それは確かである。前者すなわち執行権が意味するのは、国内法を執行すること、しかも、それを国中にくまなく行き届かせることである。後者すなわち外交権が意味するのは、対外的に公共の安全と利益を計ることである。その際、こちら側に利害得失をもたらすかもしれない相手は、ことごとく働きかけの対象となる。

しかし、本質的には別物であるにもかかわらず、執行権と外交権は常にほぼ一体化している。外交権について言うと、その運用の巧拙《こうせつ》は国家にとって非常に重要である。にもかかわらず、既成の恒常的な実定法の拘束を受ける余地は格段に小さい。その点で執行権と異なる。外交権は、それを握る人々の思慮と叡智《えいち》にすべからく任せなければならない。さもないと、それを公益のために運用することはできない。それは次のような次第だからである。臣民相互間の問題に関係する法であれば、臣民の行動を導くものである以上、その行動に先行するのは当然である。しかし、外国人に対してどう対処するかは、相手の出方によって、また、相手の意図および利益の変化によって、大きく左右される。したがってわが方の対応は、多くの場合、外交権を担う人々の才覚にまかせなければならない。それらの人々は、巧みな手腕を最大限に発揮することによって対処法を工夫し、国家の利益を計ることになる。

一四八．上述したとおり、各国の執行権と外交権は本質的に別個のものである。それは確かなことである。しかし、両者を分離し、同時に別々の担い手に託すことはほぼ不可能である。それはこういうことである。両者のいずれを執行するにしても、国家という共同体の力が必要である。しかるに、共同体の力を別々の、しかも横並びの機関に分散させるとか、独自に行動する可能性のある人々に執行権と外交権をゆだねるとかいったことは、ほぼ不可能である。そのようなことをすれば、公共の力が種々の指揮系統の下《もと》でばらけることになり、早晩、無秩序と破滅を招くことになるだろう。

第一三章　権力相互の上下関係

一四九．仕組みの整った国家が、国家というものに固有の基本原理に立脚し、国家としての本領を発揮しているとしよう。すなわち、共同体の保全のために行動しているとしよう。そのような国家においては、最高権力はただ一つしかあり得ない。それは立法権力である。それ以外の権力はことごとく立法部に従属しているし、従属しなければならない。

しかし立法権力は、特定の目的のために活動する信託された権力にすぎない。立法部がみずからに寄せられた信託を裏切るような行為を働いたとする。国民は、それを察知したとき立法部を解散したり一部改造したりする最高権力を、依然として保っているのである。その理屈はこうである。ある目的を達成するために信託された権力はいずれも、その目的によって制約を受ける。したがって、目的が明らかに無視されたり妨害されたりしたときはいつでも、信託は否応《いやおう》なく剝奪される。そして権力は、それを与えた人々の手中に回収される。人々は回収した権力を、自分たちの安全と安寧にとって最適だと判断する担い手に、改めて預け替えることを許されている。

このように共同体は、臣民の自由や財産を奪おうとたくらみ、それを実行に移すほど愚かな、あるいは邪《よこしま》な者があるならば、よしんばそれが立法者であろうとも、そうしたくわだてやたくらみを防ぐ最高権力を常に保っているのである。なぜそう言えるのか。いかなる人間も、また、いかなる人間社会も、自己保存およびそのための手段を、他人の絶対的な意志や恣意的な支配に任せてしまうわけにはいかない。したがって、そのような奴隷状態に追い込まれそうになったときはいつでも、手放すわけにはいかないものを保全する権利が生ずるからである。そうした権利の裏づけがあればこそ人々は、自己保存という神聖かつ不易《ふえき》の基本的原理を犯す者を排除するのである。

共同体が結成されたのも、自己保存のためであった。したがって共同体は、この観点から見れば、常に最高権力であると言えよう。ただし、何らかの形態の支配をこうむっていると見なされる間はそうではない。なぜなら、人民の最高権力は、そうした支配が廃止されるまでは決して発生し得ないからである。

一五〇．立法部はすなわち最高権力である。統治が存続している限り、いかなる場合でもそうである。というのも、法律を定める立場にある者は、法律を与えられる者よりも必ず優位に立っているはずだからである。

立法部が共同体の立法部であるのは、以下の権限をそなえているからに他ならない。共同体のあらゆる部分とあらゆる構成員のために法律を定める権限。それによって共同体の各組織、各構成員の行動にルールを与える権限。不法行為を懲《こ》らす執行権力を、委託しておく権限――。このような権限をそなえている以上、立法部は必ず最高の存在であるはずだ。立法部以外のすべての権力は、共同体のいかなる部分に置かれていようとも、また、いかなる構成員に属していようとも、立法権力から派生したのであり、立法権力に従属しているにすぎない。

一五一．国によっては、常設の立法部を置かず、執行権をただ一人の人物にさずけ、その人物が同時に立法権にも与《あずか》っているところもある。こうした場合、その権力者がごくおおざっぱな意味で最高権力者と称されることもある。それは、最高権力すなわち立法権を独占しているからというわけではない。そうではなくて最高執行権を手中に握っているからである。下僚はみな、おのおのの従属的権力のすべてを――あるいは、少なくとも大部分を――そこから与えられるのである。しかも、最高執行権を握っている本人は、自分より優位に立つ立法部を戴いていない。また、同意していない法律を制定されることもない。そうした立場にある以上、自分自身を除く立法部全体に服するなどということはあろうはずもない。まさにこのような意味で、最高の存在なのである。

しかし、次のことに留意しなければならない。すなわち、忠誠の誓いを奉ってもらえるのは、最高の立法者だからではない。法の最高執行者だからである（法は、最高執行権者が他の人々と共有する［立法］権力によって制定されるのである）。忠誠は、法によって促された服従にすぎない。もしみずから法を破るなら、服従を求める権利は消滅する。服従を要求することができるのは、法の力をさずけられた公人という資格があるからにほかならない。そうした公人は、国家の表象・形象・象徴であり、法という形で宣言された社会の意志によって動かされていると見なすべきである。したがって、公人に意志と権力があるとしても、それは法の意志および権力にほかならないのである。

しかし、代表者としての資格と公的な意志を放棄し、自分自身の私的な意志にもとづいて行動するとしよう。そのようなことをすれば、格下げされ、一介の私人に戻る。権力や意志をふりかざそうにも、そこには服従を求める権利はない。なぜなら、社会の構成員に服従を強制することができるのは、社会の公的な意志だけだからである。

一五二. 執行権を握っていても、同時に立法権にも与《あずか》っているのでなければ、明らかに立法部に従属し、立法部に対して責任を負うのであり、いつでも更迭《こうてつ》や解任の対象となり得る。したがってそれは、どこにも従属しない最高執行権力というわけではない。

しかし、立法権に与っている者が最高執行権をさずけられると、別個の立法部を戴かずに済む。少なくとも立法部との関係は、本人が自発的に参加するというところにとどまり、従属関係にはならない。立法部に対する責任も、本人が承諾する以上のものとはならない。したがって、服従するにしても、それは本人が妥当と判断する範囲を超えない。しかも、その範囲はごく狭いものでしかない。そう結論づけても差し支えなかろう。

一国のそのほかの補助的、従属的な権力については、論ずるには及ばない。国ごとに慣習や制度が異なる以上、それらの権力は種類が非常に多くなり、したがって、その一つひとつに詳しい説明をほどこすことは不可能だからである。とりあえず当面の目的に必要な程度に、次のように述べておけばよかろう。それらの権力はいずれも、せいぜいのところ、明文化された譲渡証書や委任状によって委譲された権威しか有していない。また、国内の他の何かしらの権力に対する責任をまぬかれない――。

一五三．立法部を常設にする必要はない。そのようなことをすると、むしろ不便である。しかし、執行権力を常設にしておくことは絶対に必要である。なぜなら、新規の法律を制定することは必ずしも常に必要とされるわけではないのに対し、既存の法律を執行することは事あるごとに必要となるからである。法律の執行を他の人々の手にゆだねたあとも、立法部は依然として、正当な理由がある場合にはそれを回収する権限や、法律に反する悪政を懲らす権限を保っている。外交権についても同様のことが当てはまる。外交権と執行権はともに立法権に従属する。制度の整った国家においては、立法権は上述したとおり最高権力となる。立法部はまた、複数の人間で構成されるはずである（というのも、一人だけで立法部を構成すると、それは常設にならざるを得ないし、当然のことながら、最高の存在として立法権とともに最高執行権力をもそなえることになるからである）。

そして、代議員が参集し立法権を行使することができる期間は、立法部の発足当初の決まりか、あるいは立法部が独自に定める休会期間によって定まる。そのいずれに照らしても会期の定めようがない場合、また、立法部の招集方法が規定されていない場合、会期は立法部の判断に任される。その理屈はこうである。最高権力は人民から託されて立法部に置かれ、常時立法部にある。したがって立法部は、それを随時行使することが許される。ただし、繰り返しになるが、立法部の発足当初の決まりによって会期が特定の時期に設定されているなら、話は別である。また、立法部の最高権力を体現する決議により休会期間に入った場合は、期日が到来するとふたたび参集し審議を再開する権利が生ずる。

一五四．立法部あるいはその一部は、右に述べた期間、人民によって選出された代議員から構成される。そして、その期間が満了すると、代議員は臣民としての通常の地位に戻り、あらためて選出されない限り立法権には与《あずか》らない——。そのようにしておいた上で、さらに確立すべきことがある。それは、あらかじめ定められた時点か、あるいは立法部が招集される時点で、人民が代議員選出の権力を行使するということである。後者の場合、立法部を招集する権力は通常、執行権力の手中に置かれる。

そして、招集の時期については次の二種類がある。一つはこうである。立法部の発足当初の決まりにのっとり、立法部の参集および活動を、一定の間隔を空けておこなう。執行権はこの場合、しかるべき形式で選挙と招集をおこなうよう事務的に指示を発するだけである。

もう一つは、新たな選挙の実施とそれにもとづく立法部の招集を、執行権者の裁量に任せるというやり方である。それがおこなわれるのは、以下の場合である。公共の難局や緊急事態に際して、旧来の法律を修正するか、あるいは新規の法律を制定することが必要になったとき。また、同様の状況下において、人民のこうむっている害、あるいは人民を脅《おびや》かす害を取り除き、防ぐことが必要になったときである。

一五五　ここで、次のような質問が出るかもしれない。「立法部の発足当初の決まりにもとづいて、あるいは公共の緊急事態に直面して、立法部が参集と審議を迫られているとしよう。そのような場合に、国家の武力を握っている執行権力が、それを行使して、立法部の参集と審議を妨害したらどうなるのか？」。このような問いには、次のように申し上げよう。そうした権限を欠きながら、しかも与えられた信託を裏切って人民に対して武力を行使するとすれば、それは、人民相手に戦争状態に突入したに等しい。人民はその場合、立法部に権力の行使を再開させる権利がある。

それは次のような理由による。立法部を創設するのは、あらかじめ定められた時期か、あるいは立法措置を講ずることが必要になったときに、立法部に立法権力を行使させるためである。ところが、社会にとって必要不可欠なもの、すなわち、人民の安全を保ち人民を守るための基盤が、何らかの武力によってそこなわれたとしよう。その場合、人民はそのような武力を、みずからの武力をもって排除する権利がある。いかなる事態、いかなる状況のもとでも、権限なき武力に対する適正な対処法は、武力によって対抗することにある。権限もないのに武力行使をしかけてきた者は、侵略者として戦争状態に追い込まれ、それ相応の扱いを受けなければならない。

一五六．立法部を招集し解散する権力があるからといって、執行部は立法部より優位に立っているというわけではない。そのような権力は、人民の安全を確保することを目的として執行部に信託されたのである。世事の不確かさと移ろいやすさのために不変的、固定的な決まりでは対処できないケースがあるからだ。

もう少し具体的に説明しよう。最初、統治の仕組みを整えるに際して、いかなる先見の明を発揮しようとも、将来の出来事を完璧に掌握することはできない。したがって、立法部の選出時期と会期を時宜にかなったものにするよう見計らうことは、近い将来を対象とするのであればまだしも、遠い将来のこととなると不可能である。まして、立法部を国家のあらゆる緊急事態に正しく対応させることなど、望むべくもない。こうした不備を解消するための最善の方策は、立法部を招集し解散する権力を信託することにある。すなわち、常に現場にあって公益を見守ることを務めとしている者の分別に任せればよい。

やむを得ぬ事情があるわけでもないのに、立法部が頻繁に会合を重ね、会期が長期化することが常態化するなら、それは人民にとって重荷とならざるを得ない。そのようなことを続ければ、早晩、もっと危険な害が否応《いやおう》なくもたらされるはずである。その一方で、事態の急変により立法部がただちに救援に乗り出す必要が生ずることもある。その場合、立法部の招集が遅れると、公共の危険を招きかねない。また、ときには、議事が山積しているために、定められた会期が短すぎて審議をこなせないといったこともあろう。その場合は、立法部の慎重な審議によってようやく得られるような利益は、犠牲にされるであろう。

こうした状況において共同体は、いつか、何らかの局面において深刻な危険にさらされるかもしれない。それは、立法部が参集、審議する期間と休会する期間が固定されているためである。それを防ぐには、立法部を招集し解散する権力を信託すればよい。すなわち、現場にいて公共の問題に精通し、公益のためにこの大権を行使するような人士の思慮分別に任せるということである。それ以外に何ができるだろうか。また、そのような権力の担い手として、公益のために法律の執行を信託された人士以上にふさわしい者は、どこにいるだろうか。このような次第で、当初の決まりに従ったのでは立法部の参集と審議の時期を調整できない場合、それを執行部の手にゆだねるのは当然である。

もっとも執行部が、それに与《あずか》る者の専横に左右される恣意的権力に堕《だ》したのではいけない。執行部は、信託を受けるのにともなって責任を負う。すなわち、立法部を招集し解散する権力を、その時々の出来事や事態の変化に応じてひとえに公益のために行使するよう、絶えず努めなければならないのである。

立法部を招集する方式は三種類ある。立法部の招集時期が固定されているもの。招集する自由が君主の手に残されているもの。両方の要素が混在しているもの。三者のうちで最も不都合が少ないのはどのタイプか。それを追究することは、ここでの課題ではない。さしあたり、次のことを示しておけばよかろう。すなわち、執行権力は立法部の会合を招集、解散するという大権を握っているけれども、だからといって立法部の上に立っているわけではない、ということである。

一五七．この世の物事は、絶えず流転《るてん》しているのであり、同じ状態に長くとどまるものは何一つない。したがって、人民・富・交易・権力の状態も変化をまぬかれず、繁栄と権勢を誇った都市もいつか荒廃する。そして、気がついてみれば、だれからも見向きもされない荒れ果てた僻地《へきち》になっているのである。その一方で、人跡《じんせき》まれな土地が、富と住民のあふれる国へと成長を遂げる例もある。しかし、物事は必ずしも一様に変化するわけではない。また、慣習や特権が、その存在理由がもはやなくなっているにもかかわらず、私的な利益に支えられて存続することもある。

その結果、往々にして次のようなことが発生する。ある国では、人民の選出した代議員が立法部の一定の割合を占めている。やがて年月が過ぎる。すると、送り出される代議員の割合が、〔選出母体の人口が増減するなどして〕立法部の発足当初の設立理由に照らしてひどく不釣り合いになってゆく――。根拠を失った慣習を墨守《ぼくしゅ》すると、はなはだしい不合理につながりかねない。そのことは次の例を見れば得心が行く。名ばかりの町があるとしよう。そこに残っているのは廃墟だけ、家屋といえば羊小屋が一つ、住民も羊飼いが一人いるだけである。ところが、そのようなゴースト・タウンでありながら議会に大勢の代議員を、人口が多くて財力に富むれっきとした郡と同じように送り込んでいるところもある。このような有様を目にしたら、よそから来た人は仰天するだろう。そしてだれもが、何らかの是正措置が必要だということを認めるに違いない。

ところが、たいていの人々は、そのような方法を見いだすのは難しいと考える。理由はこうである。立法部を設立することは、共同体の発足にともなう至高の行為である。それは、共同体におけるあらゆる実定法に先立つのであり、全面的に人民に依拠する。したがって下位のいかなる権力も、立法部を変更することはできない。そのようなわけで、ひとたび立法部が設立されると人民は、今述べたような統治の仕組みの中に組み込まれ、それが存続する限り行動を起こす権力を持てない。そして、このような不都合は是正しようがないと、自己判断するのである。

一五八．「人民の安寧を最高の法とせよ」(キケロ『法について』第三篇第八章)。これは確かに正当で根本的な規範である。したがって、誠実にこれに従うのであれば、危険な間違いをしでかすということはあり得ない。したがって、次のことが言える。すなわち、立法部を招集する権力をそなえた執行部が、形骸化《けいがいか》した代表比率ではなく人口に見合った代表比率を守るとしよう。そして、代議員を送り込む権利を持っているそれぞれの地域において、既存の慣行ではなく、しかるべき根拠によって代議員の数を調整するとしよう（人民のいかなる構成部分も、公共のために尽くした努力に応じた議席数しか要求できない。構成部分が相互に結合したとしても同じことである）。こうした場合、執行部は新規の立法部を設けたのではなく、元からあった正真正銘の立法部を復活させたのだ。また、歳月とともにいつの間にか否応《いやおう》なしに入り込んできた不都合を、是正したのだ。そのように判断することができる。

というのも、選出母体の実勢に見合った、他と対等な代表を送り込むことは、人民の意図するところであると同時に、人民の利益にかなってもいるからである。代表制のあり方をそのような理想に近づけるなら、疑いなく統治に与《くみ》し、その地歩を固めているのである。それは、共同体の承諾と賛同を得ないはずがない。

大権とは、君主の手中にある権力のことである。それを行使して何をするのか。先行き不透明な不測の事態に翻弄《ほんろう》され、一定不変の法律では安全が確保できなくなった場合に、公益を計るのである。明らかに人民の利益にかなっていて、統治を実体のある基盤に根づかせることを目的としているのであれば、何をしても正当な大権と見なされる。将来もずっとそうである。

新たに市制を敷き、それとともに新たな代表を立てるとする。その際、次のような事態が想定される。すなわち、年月が過ぎれば、代表の重みがまちまちになるかもしれない。そして、代表を送り出す権利をまったく持たなかった地域が、そうするに足る正当な権利を得ることもある。同様の理由により、従来持っていた代表権を失い、そうした特権に値しない些末《さまつ》な存在に成り下がる地域もある。

地域の退廃ないし衰退に起因すると考えられる現状を変革することは、統治にとって有害ではない。有害なのはむしろ、人民に危害や抑圧を加えたり、一地域あるいは一党派を担《かつ》ぎ、特別待遇を与え、それ以外の人々に不公平な差別を強《し》いたりする現下の傾向である。公正かつ長期的な基準に照らして、社会および人民一般の利益にかなうと認めざるを得ない事柄がある。そのような事柄の正当性は、実行に移してみれば必ず分かる。公平で疑いなく平等な基準、すなわち統治が始まったときの仕組みに見合った基準というものがある。人民がそれにのっとって代表を選出したとすれば、それは社会の意志であり、社会の行為である。そこに疑う余地はない。だれがそれを許可したか、あるいは、だれがそれを奨励したかは無関係である。

第一四章　君主の大権について

一五九．穏健な君主国や仕組みの整った統治形態のもとでは、おしなべて立法権力と執行権力の帰属先が別々である。そうした国では、公益を守るためにさまざまな事柄を、執行権力を握っている者の分別にゆだねることが必要になる。それは次のような次第だからである。立法部のメンバーが、社会にとって役立つかもしれないことをくまなく予見するとか、法律によってそれに備えるとかいったことは不可能である。したがって、国内法に照らしても指針が見つからないケースが多々生ずる。そのような場合、権力を握って法を執行する者は、社会の利益を計るために権力行使の権限を与えられる。その根拠となるのは、自然法という一般的な法である。ただし、権力を行使できる期間は、立法部が適宜招集され指針を用意するまでの間に限られる。

法が見越すことのできない事柄は、少なくない。それらの事柄は、好むと好まざるとにかかわらず、執行権力を手中に握っている者の分別にゆだね、公共の利益と便宜に見合うように案配《あんばい》してもらわざるを得ない。いや、法律そのものを二の次にして執行権力を優先する、と言うか自然と統治に関する基本原理を優先するほうが適当な場合もある。ここで言う基本原理とは、「社会の構成員はだれでも、できる限り保護されるべきだ」という原理のことである。

具体的に言うと、こういうことである。法律を四角四面に守ると、かえって害になるような事例が少なくない(たとえば、隣家が燃えているのに、こちらには出火の責任がないからといって延焼を食い止めるための家屋の取り壊しに応じないなど)。また、法は人間を無差別に扱うので、報奨や赦免に値することをしたのに、かえって法に触れるということも往々にして起こる。したがって、支配者がさまざまなケースにおいて法の厳格さを和《やわ》らげる権力をそなえ、ある種の犯罪者を赦免することは妥当である。なぜそう言えるのか。統治の目的は、万人をできる限り保護することにあり、無実の者が不利益を被らないということが明らかであれば、罪を犯した者ですら大目に見てやるべきだからである。

一六〇．大権と称されるのは、法の定めがないまま、あるいは、時には法にそむいてでも、公益を計るためにみずからの裁量に従って行動する権力のことである。法の上位に大権があるのはなぜか。第一に、統治形態によっては、立法権力が常設でないケースもある。また、通常、立法権力は構成員があまりにも多いので行動が緩慢になり、俊敏な対応ができない。ところが、現実に法を執行する際は、そうした対応が必要になってくるのである。第二に、公共の事柄に関係する事件や難局をことごとく予想し、法によって備えることは不可能である。また、法律を杓子定規に適用し、それに抵触《ていしょく》している可能性のあるすべての出来事や人間を取り締まるとしよう。そのように運用しても弊害をもたらさないような法律は、作りようがない。以上のようなわけで執行権力は、自由裁量の余地を与えられる。そして、法律によって規定されていないさまざまな事柄を、進んで実行するのである。

一六一．共同体の利益のために行使され、統治の信託にしかるべく応《こた》え統治の目的をかなえている間、大権は、まがう方なく法律に優先する権力である。そして、決して問題視されることはない。それは次のような事情による。人民がこの点について不審をいだいたり神経質になったりすることはほとんど、いや、決してない。少なくとも、大権がおおよそ本来の目的のために、つまり人民の利益のために行使され、そうした目的にいちじるしく反しているのでない限り、大権をとがめるようなことはしない。

しかし、大権と称される事柄について、執行権力と人民との間で問題が生じることもあろう。その場合は、大権の行使が人民に利益をもたらす方向に傾いているか、それとも損害をもたらす方向に傾いているかを見きわめればよい。問題は難なく解決することができる。

一六二　容易に想像のつくことであるが、統治の揺籃期《ようらんき》においては、国と家族の間に人口の点であまり違いがなかった。法律《おきて》の数についても両者にあまり違いはなかった。そして、統治者は父親として君臨し、人々を見守ってその福利を図っていたのであり、統治は大権を行使することにほぼ等しかった。既成の決まりが若干あれば、それで間に合った。足りないところは、支配者の裁量と配慮によって補えばよかった。

しかし、暗愚な君主が錯誤や追従《ついしょう》に左右されて大権を、公益のためではなくおのれの私的な目的のために利用するようになった。そこで人民は、大権によって不利益をこうむった点について、明示的な法律によって大権を制限することを余儀なくされた。かくして、次のような次第になった。かつて君主は大権を正しく、すなわち人民の利益のために行使していた。当時、人民とその父祖は君主の叡智《えいち》にさまざまな案件を託したものだ。しかも、自由裁量の余地を最大限に与えてもいたのである。ところが、そのような案件において、人民は今や、大権に対する公認の制限が必要だと判断したのである。

一六三．したがって、「実定法によって大権のいずれかの部分に制約を加えたら、人民は大権を侵害したことになる」などと言う御仁は、統治についてはなはだしく誤った概念にとらわれているということになる。というのも、統治に制約を加えたからといって人民は、君主に属していた権利を何ひとつ奪ったことにはならないし、ただ単に次のことを宣言したにすぎないからである。人民は、歴代の君主の手中に無制限に権力をゆだねたけれども、それは人民の福利のために行使してもらおうと期待してのことである。そうした権力は、人民の福利以外の目的のために行使されると変質する。人民が本来君主にゆだねようと意図していた権力とは別物になるのだ――。もっともな言い分である。なにしろ、統治の目的は共同体の利益を守ることにあり、したがって、統治にいかなる変更が加えられようと、共同体の利益を守るという方針さえ堅持されていればよいのだから。それが保たれている限りは、何人《なんぴと》に対しても利益の侵害は起こりようがない。統治にあたる者はだれであろうと、それ以外の目標をめざすことは許されないのだから。

以上を要するに、公益を損なったり妨げたりすることこそが、侵害行為にあたるのである。これに異《い》を唱えるとすれば、次のように述べるのと同じことである。「君主は共同体と利害関係を異《こと》にしており、共同体の利益のために立てられたわけではない」。王政において起こる災厄と争乱のほとんどすべては、このような意見を温床ないし発生源としているのである。そして、実際にそうした意見のとおりであるとすれば、次のごとき結論が導かれよう。すなわち、そのような君主に支配されている人民は、相互の利益のために共同体に加わった合理的な被造物の集合体とは言えない。人民は、自分たちの利益を維持、増進するために支配者を戴くような知恵者ではなく、むしろ、ひとりの主人の支配下に置かれた下等な被造物の群と見なされるべきである。

そして、主人はと言えば、おのれの快楽または利益のために人民を飼い、働かせているのである――。人間がこのような条件で社会を結成するほど理性を欠き愚鈍であるとすれば、大権は、一部の人々が主張するように、人民にとって有害なことをやってのけるための恣意的な権力なのだ、ということになろう。

一六四．しかし、である。理性的な被造物がわざわざ自由を放棄し、痛い目に遭うために進んで他人に服従するはずはない。したがって、法律が沈黙を守っている中で、また、ときには法律の字句に反して支配者がみずからの好みに合わせて特定の事柄をおこなうにしても、それは公益の推進を目的としていなければならない。人民が、支配者のそのような行《おこな》いを容認すること、そして、支配者のしたことが既成事実になったときに黙従すること――これこそが大権に他ならない（もっとも、支配される側では、公正で英明な君主を戴いている間は恐らく、あらゆる事柄に関して君主の権力に厳格な限界をもうけることが必要であるとか、有益であるとかいった考えは思い浮かばないであろう）。

なぜこのように言えるのか。公正な君主の場合、手中にゆだねられた信託に注意を払い、人民の利益に心を配るので、君主の大権が過剰になる心配はない。なにしろこの場合の大権は、善をほどこす権力なのだから。問題は、正道を踏み外した暗君の場合である。そのような君主は、自分の父祖が法に命じられることなく行使した権力を、「職権にもとづいて与えられた大権だ」と主張する。また、「大権は、公益と異なる利益を獲得、増進するために随意に行使しても構わない」と強弁する。そうなると人民は、おのれの権利を申し立て、君主の大権を制限しようという気になる。かつて君主の大権が人民の利益のために行使されていた間、人民は、それが黙認されるのを甘受していたのであるが。

一六五．このようなわけで、イングランドの歴史を一瞥《いちべつ》すれば分かることだが、大権の大きさは、それを握る君主の英明さと公正さに比例するのが常であった。それは以下の理由による。人民は、英明で公正な君主の行動が全体として公益に合致する傾向にあるということを見知っていた。したがって、法を欠いたままおこなわれたことであっても、それが公益という目的にかなっていれば、あえて異議を申し立てることはなかった。君主がそうした目標から若干逸脱し、そこに人間としての弱さや過ちを露呈することはあったかもしれない（君主もしょせんは人の子なので）。それでも君主の行動の大半が、もっぱら公共に対する配慮を目指すものであることは明らかであった。だから人民は、このような君主を是とするのは妥当だと考えた。君主が法を欠いたまま、あるいは法の字句に反して行動しようとも、人民はそうした行動を黙認した。そして、いささかも不服を唱えることなく、君主が思いのままに大権を拡大するのを認めたのである。それは、次のような正しい判断にもとづいていた。君主は、そのようなことをしたからといって法律に背くようなことは何ひとつしていない。なにしろ、あらゆる法律の基盤と目的である公益に従って行動しているのだから――。

一六六．絶対君主制は、神が世界を支配するための手段なのだから、最高の統治形態である――。このような説によれば、上述の、神のごとき君主は現実に、恣意的な権力を要求する資格をなにがしか有しているということになる。神の叡智と慈愛を分かち持っているはずだからである。

こうした言説に依拠するからこそ、「名君の治世は今も昔も変わることなく、人民の自由にとってこの上なく危険である」という彼《か》の逆説が成り立つのである。これは一体どういう意味か。代《だい》が代《か》わると、新たな君主は、異なる考え方のもとで政治を運営するかもしれない。それでいて、歴代の名君の行為を前例とし、それを、自分の大権を正当化する錦の御旗として扱うかもしれない。こうなると、往時はもっぱら人民の利益のためにおこなわれていたことが、新たな君主の手にかかって一種の免罪符と化す。それを振りかざせば、自分の好きなように行動し、人民に危害を及ぼしても責めを負わずに済む。

このような事態は往々にして紛争と社会的混乱を引き起こす。それを乗り越えないことには人民は、本来の権利を取り戻すことができず、また、「これは大権ではない」と宣言することもできない（実際、それは大権ではなかったわけだが）。人民がそのような挙に出るのはなぜか。人民に害を及ぼす権利は、社会の何人《なんびと》にもあろうはずがないからである。

ただし人民は、公益という聖域を侵していない君主の大権にまであえて制限をもうけようとはしないだろう。それは大いにあり得ることであり、また、道理にかなったことでもある。それはそうだろう。大権とは、法のないところで公益を計る権力に他ならないのだから。

一六七．イングランドでは、日時・場所・会期をはっきり決めて議会を招集する権力は、疑いなく国王の大権に属する。ただし、そこにはやはり信託が課せられているのである。すなわち、そのときどきの緊急事態やさまざまな出来事の要請に応じて、国王は大権を、国民の利益を計るために行使しなければならない。議会の招集が国王の大権に含まれるのはなぜか。その都度議場をどこにしたらよいのか、また、会期をいつにしたらよいのか、予見することが難しいからである。これらの事柄の選択は、執行権力にゆだねられる。ただし、その選択はできるだけ公益に貢献するものでなければならない。また、議会の目的に最大限に沿うものでなければならない。

一六八．この大権という問題については、古来、次のような疑問が投げかけられてきた。すなわち、「それにしても、だれがこの権力について、いかなる場合に正しく行使されていると判定するのか」。

私の答えはこうである。そのような大権をそなえた既存の執行権力と、みずからの招集を執行権力に左右されている立法部の間には、地上の裁判官は存在し得ない。それは以下のケースと同様である。執行権力と立法権力のいずれかが手中に権力を握り、人民の奴隷化または撲滅を目論んだり企てたりするとしよう。その場合、立法部と人民の間には裁判官は存在し得ない。人民は、地上に裁判官が存在しない他のあらゆるケースと同じく、天に訴える以外にみずからを救済する手立てはない。考えてみれば当然である。そのような企てに手を染める支配者は、人民がゆだねてもいない権力を行使しているのである（人民が支配を仰ぐことを承諾するにあたって、わが身に害を招くことを目的としているはずはない）。また、実行する権利のないことを実行しているのである。

以上のことを換言すると、こうなる。人民全体も個人も、権利を奪われたり謂《いわ》れのない権力行使をこうむったりしながら地上に訴え出る場がない場合、十分に重要な理由があると判断すればいつでも、天に訴える自由がある。したがって次のことが言える。確かに、人民はこうした場合、裁判官になれない。なったとしても社会制度上、有効な判決を下すための、他に優越する権力は与えられない。しかしそれでも人民は、究極的な決定権を留保し、天に訴え出るための正当な理由があるか否かを判断する。人間の定めるあらゆる実定法に先行、優越する法のおかげである。地上に訴え出る場がない場合は、全人類にそのような権利がある。そして、人民はこの決定権を手放すわけにはいかない。みずから進んで他人の言いなりになって、自分の生死を相手の自由に任せるなら、人間の権限を超えることになるからである。なにしろ神と自然は、人間が自暴自棄になるとか、自分の生命をないがしろにするといったことを決して許してはいないのである。そして、自分の生命を始末することが許されていない以上、それを奪う力を他人に与えることなど、許されるはずもない。

しかし、人民が天に訴える自由をそなえているからといって、そのことがいつ絶えるとも知れぬ温床となって混乱をもたらす、と考えるべきではない。というのも、人民が天に訴えるというようなことは、余程のことがない限り起こらないからである。余程のことととは、不都合が目に余るものとなり、大半の人々がそれを実感し、辟易《へきえき》し、それを正すことが必要だと判断することに他ならない。しかし、執行権力すなわち英明な君主は、こうした危険に直面するまでもなく、そのような事態を何よりも危険なものとして、何よりも避ける必要があるということを心得ている。

第一五章　総合的に見た家父長権力（父権）、政治権力、専制権力について

一六九．これらの権力についてはすでに個別に論じたが、最近、統治に関して見られる重大な誤謬《ごびゅう》は、互いに異なる権力を混同するところから起こるのではないかと思われる。そこで、各権力をここで総合的に考察することはあながち的外れではあるまい。

一七〇．第一に、家父長権力（父権）すなわち親権は、両親が子どもに対してふるうものである。その目的は、本人のためを思って子どもを支配することにある。それが終わるのは、子どもが理性を用いるようになったときである。すなわち、子どもに分別がついて、自然法にせよ国内の実定法にせよ、自律行動のための指針となる決ま

りが理解できる状態に達したときである。決まりが理解できるというのは、そのような法のもとで自由人として生活している他の人々と同じようにそれを理解するという意味である。

神は両親の胸の内に、子どもに対する慈《いつく》しみと思いやりを植えつけている。それに照らせば自明のことであるが、子どもに対する親の支配は、苛酷な恣意的支配になることは意図されていない。むしろ、もっぱら子どもを助け、導き、守ることを目的としているのである。

しかし、それはともかくとして、すでに証明したことであるが、子どもに対する親の支配はいつでも子どもの生死にまで及ぶとか、他の何人《なんぴと》に対する支配よりも強力であるとか考えるべき理由はひとつもない。また、親の権力が作用しているからといって、成人した後も、むやみに親の意志に従うことを強要される謂《いわ》れはない。子どもは、両親から生命と養育を与えてもらった恩義をわきまえておけばよい。そして、一生の間、以下の孝行に励めばそれで十分である。父母を重んじ、敬《うやま》うこと。ありがたく思うこと。助け、支えること。以上のとおり、たしかに家父長権力（父権）は、人間界において自然に生起する支配権であるが、それ自体は政治的な支配権の目的や範囲には遠く及ばない。父権は子どもの所有権にいささかも干渉できない。それを処することができるのは、本人だけである。

一七一. 第二に、政治的権力とは、各人が自然状態にあったときにそなえていながら後《のち》に放棄し、共同体にゆだねた権力のことである。それは、共同体の押し立てた統治者に引き渡された。その際、明示的に――そうでなければ暗黙のうちに――信託がおこなわれた。すなわち、統治者はゆだねられた権力を行使するにあたって、共同体の利益を計ること、そして共同体の構成員を守ることが求められた。

さて、政治的権力は、自然状態にあっては各人に与えられており、共同体が安全を保障してくれる場合には必ず共同体に引き渡される。しかし、それは本来、各人が所有物（生命・自由・財産）を守るために、各人が望ましいと判断する手立てを講ずることを意味している。ただしそのような手立ては、自然界が許してくれるものでなければならない。政治的権力はまた、他人が自然法に違反した場合に、それを懲《こ》らすことを意味する。ただし懲罰に際しては、（最高度の理性に照らして）自分自身を含めた全人類を守るのに最も役立つようなやり方が求められる。

それでは、この権力の目的と手段はどこにあるのか。それは、自然状態にある各人が手中に権力を握っているときは、共同体全体すなわち人類全体を保全することにある。そして、権力が為政者の手中に移った場合には、共同体の構成員の生命・自由・財産を守ることにある。それ以外の目的と手段はあり得ない。

したがってこの権力は、構成員の生命および財産に対する絶対的な恣意的権力になるはずがない。共同体の構成員の生命および財産は最大限に保全しなければならないのだ。この権力はむしろ、法律を制定する権力であり、法律に刑罰を付け加える権力である。そして刑罰は、ひどく腐敗した部分を——正確に言うならそこだけを——切除することによって、残りの健全な部分が冒されるのを防ぎ、全体の保全を図る。それができないと、法律の厳格さは正当化されない。

一言付け加えておくと、この権力は、共同体を構成する人々の契約と相互の承諾が成立して初めて発生するのである。

一七二．第三に、専制権力とは、一個の人物が他の人間を支配する絶対的な恣意的権力である。これがあれば、いつでも好きなときに相手の生命を奪うことができる。

このような権力は、自然界が与えたものではない。というのも、自然界は人間相互の間にそのような差別待遇はもうけていないからである。かといって専制権力は、契約によって譲渡できるものでもない。というのも、そもそも自分自身の生命を好き勝手に処する恣意的権力があり得ない以上、そのような権力をだれか他の人間に譲渡し、こちらの生命を相手の恣意にさらすといったことは、できない相談だからである。

それでは、専制権力はどのように発生するのか。淵源《えんげん》は一つしかない。それは、自分の生命を奪われても仕方のない行為――攻撃を仕掛け、他の人間との間で戦争状態に突入するという行為――である。他人に攻撃を仕掛けると、なぜ生命を奪われてもやむを得ないのか。第一に、理性を放棄したに等しいからである。理性は、人間相互の掟《おきて》として神が与えたものであり、人類が結束して一個の共同体なり社会なりを形成するための絆《きずな》となっているものである。第二に、理性の教える平和の道を放棄し、何の権利もないのに武力を行使したことになるからである。しかもそれは、他人を犠牲にして不正な目的を達成するためなのである。第三に、野獣の属性である暴力をおのれの正義の尺度とすることにより、人類に背を向け野獣の類に成り下がったも同然だからである。したがって、野獣や害獣と同じように、被害者や、正義の実現を目指す支援者によって討たれたとしても、自業自得なのである。言うまでもなく、野獣や害獣と一緒にいたのでは、人類は共同生活を営むことも、安全を確保することもままならない*。

このようなわけで、正当かつ合法的な戦争の過程で捕虜になった者、厳密に言えばそのような者だけが、専制権力の支配下に置かれるのである。専制権力は、契約から発生するのではない。また、いかなる契約とも相容《あいい》れない。それは、戦争の継続状態に他ならない。考えてもいただきたい。おのれの生命の主《あるじ》でない者がどうして契約の相手になり得ようか。また、いかなる条件を履行《りこう》できようか。

しかし、おのれの生命の主になることを許されれば、話はにわかに違ってくる。支配者の専制的、恣意的権力は即座に終わりを告げる。わが身とわが生命の主となった者は、それを保全するための手立てを講ずる権利も与えられる。そして、契約が成立するとただちに隷属状態は解消される。捕虜との間で契約条件を結んだ支配者は、その時点で絶対権力を手放し、戦争状態に終止符を打つことになる。

原注＊（ロック自身の訂正によるとここの箇所は）「野獣や害獣は人類の存続にとって

有害である」。

一七三　これら三種類の権力のうち父権は、自然界から与えられる。子どもたちは未成年の間、自分の所有物を管理するための手際や分別を欠いている。それを補うのが、父権の目的である（ここで言う所有物は、他の箇所でもそういう使い方をしているところがあるのだが、財貨と身体の両方と解していただきたい）。第二の権力、すなわち政治的権力は自発的な合意によって成立する。政治的権力は統治者に対して与えられるが、統治者はそれと引き換えに、臣民の利益を計らなければならない。また、臣民が所有権を保持、行使することを保障しなければならない。第三の権力すなわち専制権力は、生きる権利を剥奪《はくだつ》することから発生する。統治者は専制権力を得ると、それを自分自身の利益を計るために行使する。そのような権力行使をこうむるのは、所有権をことごとく剥奪された人々である。

一七四　これら三つの権力の起源・範囲・目的の相違を考察すれば、次のことは一目瞭然である。すなわち、為政者の権力は父権を圧倒しているが、それは専制権力とくらべると格段に見劣りがする。絶対的な統治権は、その所在がどこであろうと、市民社会の同一範疇《はんちゅう》には入らないし、また、市民社会との両立は不可能である。ちょうど、奴隷状態にありながら所有権を保つということが両立しないのと同じである。父権が成立するのは、子どもが未成年であるがゆえに自分の所有権をうまく管理できない場合だけである。政治的権力が成立するのは、人々が自分の裁量で自由にできる所有権を持っている場合である。そして専制権力が作用するのは、所有権をまったく与えられていない人々を相手にしたときである。

第一六章　征服について

一七五．統治は本来、上述した過程を経て初めて発生する。また、国家は人民の同意にもとづいて初めて成立する。しかし、野望に端を発し、世界中に蔓延した混乱が、深刻をきわめている。また、人類史のかなりの部分を占める戦争が、耳を聾《ろう》する勢いとなっている。そのような環境では、人民の同意というものはとかく顧みられなくなる。その結果、武力を人民の同意と取り違える者、また、征服を統治の起源と見なす者が数知れず出てくる。

しかし、征服は統治の開始とは異なる。それは、家屋を取り壊すことと、その跡地に新たな家屋を建てることが異なるのと同様である。確かに、征服がおこなわれると、旧来の国家を破壊することによって、新たな国家を構築するための道が拓《ひら》かれることが多い。だが、人民の同意がない限り、新たな国家を樹立することはできないのである。

一七六．戦争状態に身を投じ、相手方の権利を不当に侵害するとしよう。そのような不正な戦争を通じて、被征服者を支配する権利を得ることは決してできない。だれしも、これにはあっさり同意するであろう。ただし、「強盗や海賊は力ずくで屈服させた人々を支配する権利を有する」「不法な暴力によって強いられた約束であっても、守らなければならない」と考える者は別であるが。強盗がわが家に侵入し、短刀をこちらの喉元に突きつけて、財産の譲渡証書に押印しろと迫ったとする。こちらがそれに応じたからといって、強盗は何らかの権利を得たことになるだろうか。力ずくでこちらを屈服させる不正な征服者が、剣によって得るのは、まさにこの種の権利なのである。権利の侵害や犯罪は、それを働くのが王冠を戴く者であろうと、どこかの一介の悪漢であろうと、同じことである。犯罪者が高貴な肩書きを帯び、あまたの家臣を召し抱えているからといって、罪に変わりはない。むしろ、罪は重くなるだけである。唯一の違いは、［王冠を戴く］大泥棒がこそ泥を処罰し、これを服従させると、月桂冠と凱旋式《がいせん》をもって報われるということである。大泥棒は、この世の正義を担《にな》う非力な人々にとって、あまりにも強大だからである。そして、みずからの手中に、犯罪者を処罰する権限を収めているからである。

それでは、わが家に押し入ってきた強盗に対抗するにはどうすればよいのか。正義を求めて法に訴えればよい。だが、恐らく正義は回復されない。すなわち、こちらは身体に障害を負い、身動きすることもままならない。また、身ぐるみはがれ、法に訴えるための資力もない――そうした状況に追い込まれるであろう。もし神が、救済を求める方法をことごとく召し上げているのであれば、ひたすら忍従する以外に術《すべ》はない。しかし、本人には道が閉ざされているにせよ、息子が力を身につけたとき、法による救済を求めて骨を折ってくれるかもしれない。もっと言うと、息子か、あるいは息子の息子が、権利を取り戻すまで訴えを繰り返してくれるかもしれない。

しかし、被征服民やその子どもたちは、訴え出ようにも、地上にはそれを受けつけてくれる裁判所も仲裁人も存在しない。だから、エフタと同様に天に訴え出るかもしれない。そして、父祖の生得の権利――すなわち、大多数の人々の承認と自発的な服従を得られるような立法部を戴く権利――が回復されるまで、訴えを何度も繰り返すかもしれない。

そうなると、際限のない紛争が起こるのではないか。そうした反論には次のようにお答えしよう。「そのようなことは起こらない。正義の女神があらゆる訴えに応じて裁きの場をもうけるとしても、それが原因となって際限のない紛争が起こることはないのと同様である」。理由もなく自分の隣人に迷惑をかける者は、隣人の訴えに応じて法廷の審判を受け、迷惑行為のかどで罰せられる。天に訴え出る者は、次のように確信しているはずである。自分の側には、正義があり、また、手間暇と費用をかけて訴えを起こす権利もある。なぜなら加害者は、虚言の通用しない裁きの場で責任を問われ、同胞である臣民（すなわち、人類のいずれかの部分）に加えた危害に応じて、相手がだれであろうと必ず代償を払うことになるのだから——。このことから明らかなのは、不正な戦争を経て征服をおこなった場合、被征服民の臣従を要求する権利はないということである。

一七七． しかし、勝利は正しい側に味方すると仮定し、合法的な戦争における征服者を考察してみよう。また、征服者がいかなる権力を握り、だれを相手にそれを行使するのか、見てみよう。

第一に、征服をおこなったからといって、ともに征服に従事した仲間を支配する権力は得られない。それは明らかである。征服者の側に立って戦った者は、その征服によって不利益をこうむるはずがないし、少なくとも、征服以前と同様に自由人であるはずだ。しかも、征服者に仕えるにあたっては、交換条件が取り交わされているのが普通である。そのような条件にもとづいて、指導者から、武力征服によって得られた戦利品やその他の利益を分け与えられたり、少なくとも平定された国の領土をなにがしかさずけられたりする。したがって、征服する側の人々が征服を経て奴隷になるなどということは、あろうはずがない。また、せっかく頭に戴いた月桂冠が、指導者の勝利のために犠牲になったことを誇示しているだけといった事態も、これまたあるはずがない。

絶対君主制の根拠は武力にあるなどと唱えようものなら、それに乗じて君主制樹立の立役者は増長し、筋金入りのドローキャンサーと化す［ドローキャンサーとはG. Villiers の笑劇 *The Rehearsal*（1672）の登場人物。乱暴者で、戦争になると敵味方の区別なく切りまくる］。ちなみに、そうした説を唱える人々は忘れているのであるが、勝利した戦闘には味方となって戦った将兵がいたのである。また、被征服国の鎮圧と占領は、それら将兵の協力があったればこそ成功したのである。

一説によれば、イングランドの君主制は一〇六六年のノルマン・コンクェストに立脚しており、イングランドの歴代国王はそのおかげで絶対的支配権をそなえているのだという。仮にそれが本当だとしよう（歴史に照らすと、どうもそうではないらしいが）。それに加えてウィリアム公（一〇二七頃〜八七年）に、ブリテン島に対して戦争を仕掛ける権利があったとしても、征服にもとづくウィリアム公の支配は、当時イングランドに住んでいたサクソン人やブリトン人にしか及ばなかった。ウィリアム公に同行し征服に力を貸したノルマン人は、自由人である。その子孫も皆そうである。たとえ、征服からいかなる支配権が発生したにしても、征服によって臣従するようになったわけではない。そうなると、ノルマン人から自由を受け継いだと主張する者があった場合、そうではないことを証明するのは至難の業《わざ》となろう。しかも法は、ノルマン人と、サクソン人およびブリトン人との間に差別をもうけていない。彼らの自由や特権には、いかなる差異もあるべきではないというのが法の意図するところである。それは明らかである。

一七八．征服者と被征服民は、同一の法律と自由のもとに合体し、一個の国民になるのが普通である。しかし、仮にそうならなかったとしよう。そのようなことは稀《まれ》にしか起こらないが。次に、合法的な征服者が被征服民に対していかなる権力を握っているのか、考察してみよう。それは、言うまでもないが、正真正銘の専制的権力である。不当な戦争を引き起こす者は、自分の生命に対する権利を失う。合法的な征服者はそのような徒輩に対して、絶対的な生殺与奪の権を握っている。だが、戦争に従事しなかった人々の生命や財産は、絶対的権力の及ぶ範囲にはない。実戦に参加した人々の場合でも、その財産にまで絶対的権力が及ぶことはない。

一七九．第二に、さらに議論を進めると、征服者の権力は、征服者に対する不正な力の行使に加担・協力・同意した者にしか及ばない。それはこういうことだ。国民は統治者に、不正行為を働く権力、たとえば不正な戦争を仕掛ける権利を与えていない（というのも、国民はそもそもそのような権力を有していないから）。したがって国民は、不正な戦争の過程でおこなわれる暴力と不正について、謂《いわ》れのない罪を着せられる立場にない（実際に暴力や不正を煽るなら、その分の責めを負うにとどまる）。それはちょうど、統治者が国民またはその一部に対して暴力や弾圧をほしいままにした場合に、国民がその罪を負うべきとは考えられないのと同じことである。なにしろ国民は統治者に、そのようなことをする権限は何ら与えていないのだから。

実際には征服者が、不正な戦争に加担する者とそうでない者とをわざわざ区別することは稀である。むしろ、意図的に戦争の混乱をそのままにして、被征服民を一律に扱うのが常である。それはそのとおりである。しかし、だからといって、征服者の権利に変わりはない。なぜか。征服者が被征服民の生命を支配する権利を得るのは、被征服民が暴力を用いて不正を働いたり、不正を放置したりしたからに他ならない。したがって、征服者が生殺与奪の権を行使する相手は、そのような暴力に加担した者だけであり、それ以外の者はだれも罪に問われることがない。被征服国の国民であっても、征服者に対して何ら不正を働いておらず、したがって生命の権利を喪失していないならば、征服者に生殺与奪の権を握られることはない。それは、征服者に危害を及ぼすとか挑発的態度をとるといったことなく、征服者との間で円満な関係を保ちつつ生活してきた国民の場合と同じことである。

一八〇．第三に、正当な戦争を制することによって征服者が敗者に対して得る権力は、完全に専制的な権力となる。戦争状態に身を投じた連中が放棄した生命に対し、征服者は絶対的な権力を握っている。しかし、だからといって、敗者の所有物を自由にする権利や資格はない。これは、世の慣行と正反対のことを言っているわけだから、一見したところ奇抜な説のように感じられるに違いない。というのも国家の領土について論じる場合、かくかくしかじかの者が領土を征服したと、あたかも征服さえおこなわれれば、それ以外に何の苦労もせずに所有権が移動するかのように述べることがごく普通だからである。しかし、次のことを考慮するならどうだろうか。強者の慣行は、どれほど広く行き渡っていようとも、それが正義の基準になることは滅多にない。武力によって押しつけられた条件に不服を唱えないということを、被征服民が臣服していることの現れと見なすにしてもである。

一八一．いかなる戦争においても、暴力と損害は通常、表裏一体の関係にある。だから戦争を仕掛けてきた相手の身体に対して暴力を行使すれば、相手方の財産にも損害を与えることになる。それはほぼ必定である。いずれにせよ、暴力を行使することだけが人間を戦争状態に追い込むのである。

一言付け加えておこう。暴力を行使する以外にも、密《ひそ》かに謀《はかりごと》をめぐらして相手方に損害をもたらしておきながら賠償を拒否し、力に訴えてそれを押し通すというやり方もある。だがそれは、最初から暴力を行使したのと同じことである。したがっていずれにせよ、戦争を引き起こすのは力の不正な行使なのである。たとえば、よその家に押し入って力ずくでそこの住人を外に追い出すのと、こっそり入り込んでおいてから力ずくで住人を締め出すのとでは、事実上、何の違いもない。

念のために言うと、このような議論は、訴え出ようにも地上に共通の裁判官が存在しない、すなわち両者をともに服従させる裁判官が存在しないということを前提としている。それはそうだろう。そのような状況を話題にしているのだから。

以上のことから、こう言えよう。人間が他の人間との戦争状態に追い込まれるのは、力を不正に行使し、そのために罪に問われ、自分の生命に対する権利を喪失するからである。なぜ生きる権利を失うのか。人間相互の間に与えられている掟《おきて》である理性を捨て、暴力という野獣にふさわしいやり方に訴えた以上、被害者によって殺されてもやむを得ないからである。それは、被害者の生存を脅《おびや》かす飢えた猛獣が殺されても仕方がないのと同じことである。

一八二 しかし、父親の悪事は子どもの罪ではない。また、父親が非道と不正を好む悪人であっても、子どもは理性的で穏和な人物かもしれない。悪事や暴力を働いた父親は、自分自身の生きる権利を剝奪《はくだつ》されるが、奪われるのはそれだけである。父親が罪に問われ処刑されたからといって、子どもがそれに巻き込まれることはない。全人類をできるだけ保全しようと望む自然界の配慮により、父親の財産は子どもに属す。さもないと、子どもは生きていくことができない。したがって、その財産は引き続き子どもが所有するのである。しかも、そもそも戦争に参加しなかったとすれば、不参加の理由は(たとえば、年齢的に幼すぎた、その場にいなかった、自分の意志を貫いた等々)まちまちであろうが、子どもは財産を没収されるようなことは何もしていないに等しい。また、征服者の側でも、自分を討とうとした者を制圧したからといって、それだけを根拠として財産を没収する権利はない。

もっとも征服者は、戦争をしのぐために、また自分自身の権利を守るためにこうむった損害を埋め合わせることを目的として、相手方の財産に手をつける権利をなにがしか得るかもしれない。そのような権利が被征服者の所有物に対してどこまで及ぶのか、順次検討することにしよう。

まず、相手を制圧することによって生殺与奪の権を握ったからといって、相手の財産を所有し利用する権利が発生するわけではない。というのも次のような次第だからである。侵略者が粗暴な力を行使すれば、攻撃された側は、侵略者の生命を奪う権利を得る。また、侵略者を有害な被造物として思いどおりに駆逐する権利を得る。しかし、こちら側の財貨に損害が生じたのでなければ、相手の財貨に手をつける権利は発生しない。それは、次の例を考えてみれば分かる。街道で襲ってきた強盗を殺すことは許されるけれども、だからといって強盗から金を奪って身柄を解放してやるということは（あまりないことであろうが）、許されない。そのようなことをすれば、こちらが強盗になってしまう。強盗は暴力をふるい、みずから戦争状態に身を投ずることにより、おのれの生命に対する権利を喪失した。しかし財貨に関しては、それに対する所有権をこちらに寄越したわけではない。したがって、次のように言える。相手を制圧すれば、それにともなって、こちらには侵略者を自由に扱う権利が生じる。だが、そうした権利は、戦争に加わった者の生命にしか及ばず、財貨はその範囲外に置かれる。損害と戦費を賠償させる場合は例外であるが、その場合でも、相手方の、罪なき妻子の権利は守られる。

一八三．征服した側に、想像できる限りのあらゆる正義があるとしよう。その場合でも、奪い取ることが許されるのは、征服される側の権利が及ばなくなったものだけである。征服者は、被征服者の生命を思いのままにすることができる。また、被征服者の労役と財貨を奪って、損害の埋め合わせをすることも許される。だが、被征服者の妻子の財貨を奪うことはできない。妻子は、夫が持っていた財貨に対して所有権を保っているし、夫の地所についても持ち分を与えられているのである。

次のような例を考えてみたい。私が自然状態に置かれているとしよう（ちなみに、国家は相互に自然状態にある）。そして、だれかに損害を与えたにもかかわらず、賠償の支払いを拒んだとしよう。そのようなことをすれば、戦争状態を招くことになる。不正に獲得したものを力ずくで守ることになるので、侵略者として扱われる。そして、制圧される。すると、こちらの生命は放棄されたものとして相手の思いどおりになる。

それは確かにそのとおりである。

しかし、妻子の生命はそのような扱いは受けない。妻子は戦争を遂行したわけではないし、協力したわけでもない。こちらとしては、妻子の生命を放棄することはできない。放棄しようにも、それは私のものではないのだから。地所も、その一部は妻の持ち分であり、これまた勝手に放棄することはできない。子どもたちは子どもたちで、私の労働や財産で扶養してやる必要がある。なにしろ私は子どもたちの父親なのだから。

さて、そうすると、次のような問題が生ずる。征服者は、こうむった損害の賠償を求める権利がある。一方、子どもは生存のために、父親の財産を享受する権利を有する。妻の持ち分に関して言うと、権利の源が妻自身の労働であろうと、契約であろうと同じことであり、夫は妻の持ち分を勝手に処分するわけにはいかない。それは明らかである。このような場合、一体どのようにすればよいのだろうか。

お答えしよう。物事の基本となる自然法によれば、だれもが最大限に守られるべきである。したがって、征服者に対する賠償と子弟の扶養を両立させるに足るものがないとすれば、十二分に恵まれている者は、賠償の一部をあきらめなければならない。

そして、それがないと飢え死にする恐れのある人々の、緊急度と優先度の高い権利に対して譲歩しなければならない。

一八四　しかしである。仮に戦争の経費と損害を、一銭も拒むことなく征服者に対して償《つぐな》うとしよう。そして、被征服者の子どもたちは父親の財貨をことごとく奪われ、放置されて餓死を待つしかないとしよう。それほどまでに征服者の要求が満たされたとしても、征服した国土に対する所有権はまず得られない。それは次のような理由による。世界中どこでもそうであるが、広大な土地が隅々まで占有されていて、どこにも荒蕪地が残されていないとすれば、賠償額がその広大な土地の価値に相当するなどということは稀《まれ》である。したがって、征服者の土地を奪っていない（征服されている身であれば、征服者の土地を奪うなどという行為はそもそも不可能である）とすると、こちらが征服者から土地以外のものを掠奪《りゃくだつ》したとしても、その価値がわが方の土地の価値に相当するということはまずあり得ない。ここでの話は、わが方の土地が、（わが方が先に蹂躙《じゅうりん》した）征服者側の土地と比べて、同じ程度に耕されていて面積もおおよそ同じという前提にもとづいている。

通常やってのけることのできる掠奪はせいぜいのところ、一年分か二年分の収穫を台なしにするのと同じ程度である（被害が四年分とか五年分にまで及ぶことは稀である）。というのも、金貨や銀貨などの貨幣、貴金属や宝石などの財宝が奪い去られた場合について言うと、それらの金品はそもそも自然の財貨ではなく、空想上の、あるいは仮想上の価値を有しているにすぎないからである。そのような価値は本来的にそなわっているわけではない。自然界の基準に照らすなら、それらの金品は取るに足らぬものである。それはちょうど、アメリカ先住民が貨幣代わりに使う貝殻玉が、ヨーロッパの王侯にとって取るに足らぬものであるのと同じである。あるいは、ヨーロッパの銀貨がかつてアメリカ先住民にとって無価値であったのと同じである。また、収穫五年分を失った場合でも、その代償として相手方の土地の永代相続権を要求するとすれば、それは不相応な要求ということになる。ただしそこが、隅々まで占有されていて、持たざる者が占めるべき荒蕪地がどこにも残されていないような土地であるとしての話であるが。右のことは、貨幣の想像上の価値を捨象すれば容易に納得できるであろう。土地の永代相続権には、収穫五年分を百倍してもまだ釣り合わないほどの価値があるのだから。しかし、その一方では相続権の価値が収穫半年分を下回ることもある。住民全員が土地を所有、利用してもなお土地が余り、だれでも荒蕪地を利用することができる場合にはそうなる。しかし、そのような所では、征服者は被征服民の土地を手に入れようなどという気は起こさないであろう。

したがって、以下の結論が導かれる。（君主なり国家なりが、それぞれ互いに自然状態にあるのと同様に）自然状態に置かれた人間は、他の人間から損害を与えられることがある。しかし、損害をこうむったからといって、征服者が被征服民の子弟から所有権を奪い、彼らを相続地から締め出すなどということは許されない。相続地はあくまでも子どもとその子孫のものであり、しかも、末代までもそうなのである。確かに、征服者は自分のことを、我が物顔にふるまっても差し支えないと考えがちである。また、征服者の権利に対しては不服を申し立てられないというのが、被征服民の実情である。しかし、それだけのことであれば、征服者の権限は、強者が弱者を相手に露骨な暴力によって得る権限と同じということになる。そして、このような理屈に従うなら最強の者は、おのれの欲するものはいかなるものであれ、入手する権利を有するということになる。

一八五．戦時、征服者に協力した者。また、被征服民であっても征服者に反抗しなかった者。そして、被征服民の子孫（父祖の反抗歴は問わない）。征服者はこのような人々を支配する権利を、征服という行為を通じて得ることはない。よしんば征服が正当な戦争を通じておこなわれたのだとしても、そうなのである。これらの人々は、征服者に対する服従を強《し》いられはしない。そして、既存の統治機構が解体された場合、自分たちのために、新たな統治機構の構築を開始しても差し支えない。

一八六．確かに、征服者は通常、被征服民に対して力を利かせ、胸元に剣を突きつけて言うことを聞かせようとする。そのようなことをされた側では、突きつけられた条件を飲まなければならない。また、押しつけられた統治方式に服さなければならない。しかし、征服者はいかなる権利があってそのようなことをするのだろうか。問題はそこにある。被征服民はみずからの同意にもとづいて服従しているのだ——そう主張するのであれば、被征服民を支配する権利を得るには、被征服民の同意が必要だということを認めることになる。

そうすると、考察すべき問題は次の一点に帰着する。正当な権利を持たない者が力ずくで迫ってきたのでやむなく約束を結んだとすると、それは同意と見なせるのか。また、それはどの程度の拘束力を持つのだろうか。私の答えはこうである。そのような約束には、何の拘束力もない。なぜなら、だれかに力ずくで何かを奪われた場合、それが何であろうと、奪われた側は所有権を保っており、奪った側はそれをただちに返還する義務を負うからである。

馬匹を強奪した者は、ただちに持ち主に返すのが当然である。持ち主は依然としてそれを取り戻す権利を保っているのだから。同じ理屈により、約束を強要した者はそれをただちに取り消さねばならない。すなわち、相手方を、約束から生ずる義務から解放してやらねばならないのである。そうしないというのであれば、約束を強要された側は、約束を自分で反故《ほご》にしても差し支えない。すなわち、約束を履行《りこう》するか否かを、好きなように選んでも構わないということである。

というのも自然法は、自然界が定める掟《おきて》に従っているからこそ拘束力を保っているのであって、その掟を破ることによって拘束力を得るわけではないからだ。力ずくで何かを奪い取るという行為は、まさに掟破りに該当する。「約束に応じたのはおまえだろう」と言ったところで、事情は変わらない。具体例を挙げよう。ピストルを胸元に突きつけられて、「財布を出せ」と脅されたとする。やむなく自分でポケットをまさぐって財布を取り出したとしても、暴力を容認したことにはならない。また、所有権を譲渡したことにもならない。

一八七．以上のことを総合すると、次の結論が導かれる。征服者が被征服民に力ずくで押しつけた統治は、拘束力を持つとは限らない。たとえば、征服者が被征服者に対して戦争を遂行する権利を欠いていた場合、あるいは、戦争をする権利が征服者にあったにしても、被征服民が征服者に対する戦争に加わっていなかった場合、拘束力は失われる。

一八八．しかしである。その共同体の人間はみな、同一国家を構成する仲間である。だとすれば、彼らは不正な戦争に参加していたのであり、その戦争において鎮圧されたため、自分の生命を征服者に思いのままに支配されるに至ったのである。そう見なしても構わないと仮定したらどうか。

一八九．いや、彼らの未成年の子弟には、そのようなことは当てはまらない。というのも、そもそも父親は、子の生命や自由を支配する権力を持たないからである。父親がいかなる挙に出ようと、そのために子の生命や自由が剝奪されることは、あり得ない。それゆえ、父親の身に何が起こったとしても、子はあくまでも自由人である。征服者の絶対的な権力の及ぶ範囲は、征服された当人の身体までである。したがって、権力の標的となっている人々が死ねば、それにともなって権力も消滅する。万が一、征服者がそのような人々を奴隷扱いし、絶対的、恣意的な権力に服従させるとしても、その子弟に対しては同様の支配権は及ばない。征服者は、征服した当の相手ならともかく、その子弟に対しては、本人の同意がない限りいかなる権力をふるうこともできない。躍起になって相手の言動を意のままにしようとしても無駄である。そして、相手の自発性に頼るのではなくて、力によって屈服を強いている間は、いかなる合法的な権威も得られない。

一九〇．人はみな、生まれながらに二重の権利をさずかっている。第一に、わが身を自由に扱う権利。身体に対する支配権は、他人に握られることはない。身体を自由に処することは本人の専権事項である。第二は、他人に優先して、兄弟とともに父親の財貨を相続する権利である。

一九一．この第一の権利に支えられているので、人間は本来、いかなる統治にも服す必要はない。統治が及んでいる場所で生まれたとしても、である。しかし、自分の生まれた国の合法的な統治を拒否するなら、そこの法律によって与えられている権利も放棄しなければならない。また、そのような統治の仕組みが父祖の同意にもとづいて成立しているのだとすれば、父祖から継承した所有物も放棄しなければならない。

一九二．第二の権利［相続する権利］について。次のような条件が重なっているとしよう。当人は被征服民の子孫である。資産に対する権利は、被征服民であった父祖から引き継がれたものである。戴いている政府は、自由意志による同意に反して押しつけられた政府である――。そのような場合でも上記の第二の権利に支えられるので、いかなる国の住民も、父祖の所有物を受け継ぐ権利を失うことはない。国内の資産所有者に厳しい条件を力ずくで押しつけてくるような統治のやり方に、進んで同意する気がないとしても、である。

それは、次のような理屈による。最初の征服者はその国の国土に対して何の権利も持っていなかった。ところが、強制的に統治のくびきに服従させられた人々を祖とするか、あるいはそのような人々の翼下《よっか》にあると自称する人民は、征服者のくびきを一掃する権利をそなえているのである。そして、武力によって強いられた簒奪《さんだつ》や専制を排除することも許される。人民はそのような権利を当初からずっと保っているのである。それを手放すのは、支配者によって、人民が積極的、自発的に同意できるような統治の枠組みのもとに置かれるときである。

ギリシアのキリスト教徒は、同国を所有していた古代ギリシア人の末裔《まつえい》である。だから、十分な力をつけたときにはいつでも、自分たちを長年にわたって圧《お》しひしいできたトルコのくびきを一掃しても差し支えない。それは正当なことである。そこには、疑いを差しはさむ余地はない。それはそうだろう。いかなる統治体制も、自発的な同意を寄せてこない人民に対して、服従を強要する権利はないのだから。

人民の同意というものが成立するのは、以下の場合である。完全に自由な状態を確保し、統治形態と統治者を選ぶことができるようになったとき。あるいは少なくとも、恒常的な法律をそなえたときである（ただしそれは、人民がみずから、あるいは代表者を通じて、自発的に承諾した法律でなければならない）。さらに人民は、しかるべき所有権を認められる必要もある。それが意味するのは、揺るぎなき所有者となり、みずから同意しない限り自分のものを──その一部といえども──何人《なんぴと》にも奪い去られることがないという状態である。その保証がないと、いかなる統治形態のもとに置かれようとも、自由人の立場にあるとは言えない。それどころか、戦争の暴力にさらされた、正真正銘の奴隷に成り下がることになろう。

一九三　しかし、征服者が正当な戦争を経て、被征服民の身柄を支配する権力ばかりか、被征服民の資産に対する権利をも得たとする（征服者にそのような権利や権力がないことは明らかなのだが）。仮にそうだとしても、征服者の統治が続く間に、そこから絶対的な権力が派生することはない。なぜか。被征服民の子孫はみな自由人である。したがって、征服者から土地や所有物を与えられ、その国に住むとすれば（人が住まなければその国には何の価値もない）、与えられたものが何であれ、与えられた範囲で、それに対する所有権が発生するからである。所有権の所有権たる所以《ゆえん》は、本人の同意がない限り、勝手にそれを持ち去ることができないというところにある。

一九四．被征服民の子孫には生得の権利があり、身体は自由である。所有物はその多寡にかかわらず、彼ら自身のものである。所有物の処分は、彼ら自身の裁量によって決まるのであって、征服者の裁量によるのではない。そうでなければ所有物とは言えない。仮に征服者がだれかに千エーカーの土地を与え、与えられた本人とその相続人の永代《えいたい》使用に供したとしよう。一方、別のだれかには一代限りの条件で、千エーカーの土地を年五十ポンドないし五百ポンドの地代を取って貸したとしよう。すると、前者の場合、千エーカーの土地に対する権利が永久に続くことになり、一方、後者の場合も、地代を払うとはいえ、同じく千エーカーの土地に対する権利を一生の間持っていることにならないだろうか。そして、この一代限りの借地人が、一生の間におのれの勤労によって地代を上回るものを得たとすれば、超過分が地代の二倍になるとしても、それをことごとくわが物にすることは許されるのではないか。

果たして、次のように言えるであろうか。君主（すなわち征服者）はいったん下賜《かし》した土地を後で、征服者としての権力を笠に着て、全部あるいは一部召し上げても構わない。そして、永代使用者の後継者や、まだ健在で、しかも地代を払っている借地人を犠牲にしても構わない、と。あるいは、君主は、上述の土地から上がる収穫や収入を彼らから好き勝手に奪い去ることを許されているのだろうか。そうだとすると、自主的、自発的な契約はすべてこの世から消滅し、無効になる。すなわち、権力がふんだんにありさえすれば、契約はいつでも解除できるということになり、権力者の下賜とか約束とかいった行為はことごとく茶番か芝居だということになる。

考えてもいただきたい。次のような言動ほど馬鹿げたことがあるだろうか。これをあなたとお子さん方に差し上げます、と伝える。しかも、重々しく、おごそかな態度で。ところがそれでいて、権利はこちらが留保しているので、こちらの気持ちが変われば明日にでも返してもらいます、という態度で臨む。そのようなやり方で理解は得られるだろうか。

一九五．君主が自国の法律の適用をまぬかれるか否かについては、今ここで論じるつもりはない。しかし、君主といえども神と自然の法に服す義務があることは確かである。何人《なんぴと》といえども、そして、いかなる権力を用いようとも、その永遠の法によって定められた義務から君主を解放することはできない。約束という行為の場合、そうした義務はいたって重く厳しいものとなる。全能の神ですら、それによって拘束されるほどである。授《さず》けること、約すること、誓うこと――それらの行為は、全能の神をも縛るきずなとなる。この世の君主に向かって、いかなる阿諛追従《あゆついしょう》を奉《たてまつ》ろうとも無駄である。そのような君主を寄せ集め、さらには人民をそれに併《あわ》せたところで、偉大な神とくらべれば、水桶の中の一滴か、天秤《てんびん》の上の塵《ちり》（「イザヤ書」第四十章第十五節）でしかない。取るに足らぬ些末《さまつ》な存在にすぎないのである。

一九六．征服の原理を要約すると、次のようになる。正当な大義があるなら、征服者は専制的な権限を得る。標的となるのは、抗戦する敵方に加勢、加担した人々の身体である。征服者にはまた、それらの人々の労働と財産を利用して、おのれの損害と戦費を埋め合わせる権限も生ずる（ただしその際、それ以外の人々の権利を侵害することは許されない）。しかし、それ以外の一般人、すなわち戦争に同意しなかった人々や、捕虜の子弟は、征服者の権力によって支配されることはない。彼らの所有物についても同様である。したがって、征服が成り立ったとしても、それら一般人を支配する合法的な資格は得られないし、それを後裔《こうえい》に伝えることもできない。それどころか、一般人の所有物を狙い、そうすることによって相手方との間で戦争状態に突入するなら、自分自身が侵略者に堕してしまう。

だから、征服者やその系譜に連なる支配者は、大して立派な支配権を持っていないということになる。それは、ヒンガーやハッバのような九世紀のデーン人指導者がこイングランドにおいて握っていた支配権や、スパルタクスが剣奴の反乱（紀元前七三〜七一年）に成功していたらローマにおいて手に入れたはずの支配権と比べても、ましとは言えない。そのようなお粗末な支配権では、支配のくびきを保つことはできない。支配下にある人々は、神から勇気と機会を与えられれば、ただちにそれを掃蕩《そうとう》するであろう。

たとえば、アッシリアの歴代の王が武力に支えられ、ユダ族に対しどれほど強大な支配権をふるっていたにせよ、ユダ族の王ヒゼキア（紀元前七一五〜六八七年頃在位）は神の加護を得て、アッシリア帝国の支配を打倒した。「主が傍《かたわ》らにおられたので、ヒゼキアは行く先々で上々の成果を収めた。アッシリアの王に刃向っても、膝を屈することがなかった」（「列王記・下」第十八章第七節）。ここから明らかなのは、次のことである。正義ではなくて暴力によって押しつけられた権力を掃蕩することは、叛逆という名で呼ばれようとも、神の前では罪ではない。むしろ、神が容認、奨励する事柄である。そこに約束や契約が介在するとしても、それが力ずくで取り交わされたのであれば、問題にならない。ヒゼキアとその父アハズの物語を注意深く読んでいただきたい。そうすれば、アッシリア人がアハズを屈服、退位させ、その子ヒゼキアを「ユダ族の王として」アハズの存命中に即位させたこと、それでいて、ヒゼキアがそれ以降ずっと、合意の上でアハズに対してうやうやしい態度で臨み、貢ぎ物を捧げたことが、だれにでもよく分かるだろう。

第一七章　簒奪について

一九七．征服を外国人による簒奪《さんだつ》と呼ぶことができるのと同じように、簒奪は、一種の国内版の征服と言える。ただし、簒奪者の側に決して権利が生じないという点で違いがある。それはそうだろう。簒奪は、他人の権利が及んでいるものを横取りすることに他ならないのだから。簒奪は、それがあくまでも簒奪であるとするならば、統治の形や仕組みが変わるのではなく、権力の担《にな》い手が替わるだけである。たとえば、簒奪者が、合法的な君主なり共同体の為政者なりが正当に持っているものを超えておのれの権力を拡大するなら、それは簒奪プラス専制ということになる。

一九八．合法的な統治をおこなおうとするのであれば、権力を担う人物を指名するという行為は、統治に欠かすことのできない当然の要素である。それは、統治形態そのものを定めることに匹敵する。権力者を指名するということは、もともと人民に由来する仕組みである。したがって、統治形態が確立した国家ではどこでも、公的な権威になにがしか与《あずか》るはずの人々を指名する手順や、そうした権利をそれらの人々にさずける一定の方法が決めてある。当然のことである。仮に、統治の形態をまったく定めていなかったとしよう。あるいは、統治形態を君主制とすることには同意しておきながら、権力を担うべき人物、君主となるべき人物を弁別、任命する方法を定めていなかったとしよう。それは、統治がおこなわれていないのと同じことになる。

よしんば国家の形態がそのまま維持されているにせよ、わずかでも権力の行使に踏み切るにあたって、当該の共同体の法による決まりとは異なるやり方に訴えるなら、服従を要求する権利はなくなる。というのも、そのようなことをすれば、法によって任命されたことにはならないし、したがって、人民の同意を得たことにもならないからである。このような簒奪者やその後継者には、支配者としての資格はない。少なくとも人民が、同意する自由を取り戻し、しかも実際に、すでに簒奪されている権力を容認ないし追認することに同意するまではそうなのである。

第一八章　専制について

一九九．簒奪《さんだつ》とは、他人が正当な権利にもとづいて保持している権力を、横取りして行使することである。一方、専制とは、権利を超えて権力を行使することである（何人《なんぴと》も、そのようなことは許されない）。それに加えて、手中に収めた権力を、その権力下に置かれた人々の公益のためではなく、おのれの私的な個別的利益のために用いるということも、専制に含まれる。このような統治をおこなう者は、いかなる称号を名乗るにせよ、法律ではなくておのれの意志を掟《おきて》としているのである。統治者の命令と行動は、国民の所有権を保全することではなく、野心・怨念・物欲など、おのれの気まぐれな情念を満たすことに向けられる。

二〇〇．右のことを唱えているのが私のごとき名もない臣民だからという理由で、それが真実ないし道理であることを疑う読者がいるかもしれない。そこで、国王の権威に頼ろうと思う。そうすれば、私の説の妥当性を飲み込んでもらえるだろう。ジェームズ一世（一六〇三〜二五年在位）は一六〇三年の議会での演説において、次のように述べている。

私は、適正な法律と勅令を定めるにあたって、常に公共および国家全体の福祉を優先することにする。私個人の私的な目的は二の次にしたい。絶えず国家の富と福祉に配慮することこそ私の最大の幸せであり、現世における無上の喜びである。合法的な国王と専制君主（tyrant）が截然《せつぜん》と区別されるのは、この点においてである。現に私の認めるところ、正統な君主と王位を簒奪した専制君主をへだてる差異の中でも、際だって大きな差異は次の点にある。すなわち、高慢で野心的な専制君主は己《おの》が王国と国民を、もっぱら君主の願望とわがままな欲望を満たす定めにあると見なしているのに対し、公正で廉直《れんちょく》な国王はそれとは対照的に、自分には国民の富と所有権を確保する使命があると考えているということである。

さらに一六〇九年の議会での演説において、ジェームズ一世はふたたび次のように述べている。

国王は、自分の治める王国の基本法を遵守する義務を、二重の誓約によって負う。まず、暗黙のうちに、国王としての地位にあるという事実によって縛られる。そして、それ相応に国民と国法を保護する義務を負う。また、戴冠式における宣誓によって、言葉の上でも縛られる。したがって、確立した王国の正統な国王はそれぞれ、国柄にふさわしい統治形態を形づくるにあたって、おのれの法にもとづいて国民相手に結ぶ契約を守らなければならない。手本となるのは、神が大洪水のあとでノアとの間で結んだ次のような契約である。「以後、大地が消滅しない限り、種まきも刈り入れも、寒さ暑さも、夏と冬も、昼と夜も、いつまでも絶えることなく続くように取り計ろう」（「創世記」第八章第二十二節）。したがって、確立した王国を治める国王は、おのれの法にもとづく統治をやめれば、たちまち正統な国王ではいられなくなる。そして、堕《だ》して専制君主と化すのである。

ジェームズ一世はその少しあとで、次のように述べている。

したがって国王たる者はみな、専制君主でない限り、また虚偽の宣誓によって王位に就いたのでない限り、おのれの法の枠内に進んでとどまる。国王にむかってこれに反することを説く者があるとすれば、それは国王と国家にとって有害な、蛇蝎《だかつ》か悪疫のようなものである。

このように、物事の何たるかをよくわきまえ、見識をそなえた彼《か》の国王は、正統な国王と専制君主の違いをもっぱら次の点にあると考えていた。前者すなわち正統な国王は法をみずからの権力の上限とし、公益を統治の目的と見なすのに対し、後者すなわち専制君主は、おのれの意志と欲望を最優先し、万人をそれに従わせる——。

二〇一．このような専制君主の悪弊《あくへい》が君主制に固有のものだと考えるなら間違いである。他の統治形態もそのような弊に陥りがちである。なぜか。人民を治め、人民の所有物を保全するためにだれかの手にゆだねられる権力は、ほかの目的のために行使されることも、また濫用《らんよう》されることもあるからだ。すると、人民は富を奪われ、疲弊し、そのような権力を握っている徒輩の、恣意的で横暴な命令に服従することを余儀なくされる。

こうなると、統治はたちまち専政（tyranny）と化す。その際、権力の行使は、単独でおこなわれることもあれば、多数の人々によっておこなわれることもある。たとえば、史書をひもとけば分かることだが、紀元前四〇四年から四〇三年にかけて、アテネには三十人の僭主《タイラント》がいた。紀元前四〇四年頃シラクサに出現した僭主は一人であった。ローマで紀元前四五一年から四四九年にかけておこなわれた十人の執政官による堪えがたい支配も、決してそれよりましなものではなかった。

二〇二．法を破り、人に損害をもたらしたとする。そこでは法が終わることになり、必ず専政が始まる。また、権力者が越権行為を働き、指揮下にある武力を行使し、法によって容認されていない事柄を臣民に押しつけたとする。そのようなことをしでかせば、たちまち為政者としての資格を失う。そして、権限の裏づけなしに行動すれば、抵抗をまねく。それは、他人の権利を力ずくで侵害すれば、必ず抵抗を受けるのと同じことである。

このようなことは、官吏については了解されている。官吏が、街頭で容疑者の身柄を拘束する権限を与えられているからといって、令状を執行したい一心で家宅侵入すれば、泥棒か強盗と見なされて抵抗されるであろう。侵入された側では、相手がそのような令状をたずさえており、街頭であればこちらを逮捕する法的権限もそなえているということを知っているのであるが。

さて、それでは、なぜこのような原理を、下級官吏と同様に最高レベルの為政者に当てはめてはいけないのだろうか。答えを聞いてみたいものである。父親の遺産を相続する際に長兄の取り分が最大になるからといって、長兄が弟たちの相続分まで奪い取ることは許されるだろうか。長兄にそのような権利が与えられるとしたら、それは道理に合っているだろうか。あるいは、どこかの富豪がある地方の領主だからといって、貧しい隣人の家屋や庭を勝手に奪うことが許されるとしたら、それは道理にかなっているだろうか。アダムの大半の子孫よりはるかに強大な権力と富を正当に所有しているからといって、強奪や弾圧を実行する（すなわち、権限もないのに相手に損害を負わせる）口実にはならない。まして、正当な根拠にはならない。むしろ、罪が重くなるだけである。

それは次のことを考えてみれば分かる。越権行為が許されないという点で、高官も小役人と同じである。自分の越権を正当化できないという点で、国王も一介の巡査と同じである。それどころか、越権の罪が重くなるのは、むしろ国王である。なぜなら、国王は一般国民とくらべて、その身に寄せられている信頼が大であるし、与《あずか》っている分け前も多いからである。また、教育・職分・助言者に恵まれているので、正邪の基準をよくわきまえているはずだからである。

二〇三．そうすると、君主の命令には逆らってもかまわないのだろうか。自分が不当に扱われていると判断し、謂《いわ》れのない仕打ちを受けたと思い込んだら、そのたびに君主に抵抗してもかまわないのだろうか。そのようなことになれば、いずれの国家も混乱をきたし、崩壊する。そして、そこに残るのは統治と秩序ではなく、無政府状態と混乱だけということになりはしないか。

二〇四．右の問いに対する私の答えはこうである。実力で反抗することがよしとされるのは、不正、不法な暴力を相手にしたときだけである。それ以外の場合に反抗をこころみるなら、必ず、神と人間の双方から当然の非難を浴びることになる。したがって、しばしば示唆されるような危険や混乱が起こることはない。その根拠は、以下のとおりである。

二〇五．第一に、法によって君主の身体を神聖と定めている国もある。そのような国においては、君主が何を命令しようと、また何を実行しようと、その身体に拷問や暴力が加えられることは一切ないし、強制執行も適用されない。裁判所での問責や有罪判決も、君主の身体には及ばない（ただしその場合でも、君主の従える行政官や、そのほか君主によって任命された者の違法行為に対しては、反抗することは許されるが）。しかし、そうとは言えない場合もある。それは、君主が現実に人民を敵として戦争状態に身を投ずることによって、統治の仕組みを解体し、人民を自己防衛に立ち上がらせた場合である。自己防衛は自然法のもとではだれにでも許されていることである。考えてみるがよい。君主が国民を相手に戦争するというような状況になったら、その結末はどうなるであろうか。ある隣国［すなわちイングランド］は、この奇態な実例を世界に向けて披露した。

こうした事例を別にすれば、身体が神聖であるがゆえに、君主はいかなる場合でも、あらゆる難をまぬかれる。したがって、その統治が存続している限りにおいて、あらゆる暴力と危害から安全に守られる。これ以上に賢明な仕組みはあり得ない。なぜか。君主がじきじきに［人民に］危害を及ぼすなどということは頻発しそうにないし、その危害が広い範囲に拡大するということもありそうにない。君主ひとりの力で法律をくつがえすとか、国民全体を弾圧するといったことは、悪知恵しか働かない暗君が進んでそうしようと願ったところで不可能なことである。したがって、専断的な君主が王位に就いているときには、時として、特有の弊害が発生するかもしれないが、そのために生ずる不都合は十分に埋め合わせがつく。見返りは、社会全体の平和が保たれるということ、そして、統治が無事におこなわれるということである。それを体現するのは、今述べたように危険の届かないところを居場所とする首長である。ごく一部の一般人が時として苦難をなめる危険にさらされるのと、共同体を率いている者があっけなく、しかも些細《ささい》なことで無防備な状態に陥るのとを比べると、国民全体にとっては前者の方が安全である。

二〇六．第二に、その反面、このような神聖不可侵という特権は君主の身体にしか適用されないので、そうした特権をふりかざしたところで、不正な力を行使するなら、異議の申し立てを受け、反抗と抵抗に直面する。それを防ぐことはできない。君主から委任を受けたと称しても、その委任が法律によって裏づけられていない限りは無駄である。

それは、次のような状況を想定してみれば明らかである。まず、国王から交付された逮捕令状を所持しており、逮捕することを国王から全面的に委任されているとしよう。しかし、令状を所持しているからといって、それを執行するために他人の家屋に押し入ることは許されない。また、日時や場所によっては、このような国王の命令を執行することが許されない場合もある。このようなことは、その種の例外が国王の命令を委任状に書き込まれていないとしてもあり得るが、それはまさに、法による制限なのである。そうした制限を踏み越えると、国王の委任があったとしても免責してもらえない。

その理由はこうである。まず、国王に国王としての権限を与えるのは法律だけである。したがって、国王は何人《なんぴと》に対しても、法律に反して行動する権限を与えることはできない。また、委任を通じてそのような行動を正当化することもできない。なぜなら、為政者のいかなる委任ないし命令も、裏づけとなる権限を欠くなら、一般人がそれを発した場合と同じように無効であり、無意味であるからだ。ただし、両者の間に違いはある。すなわち、為政者には「かくかくしかじかの範囲で、かくかくしかじかのことを目的とする」という限定付きの権限が与えられているのに対し、一般人にはそのような権限がいささかも与えられていない、ということである。いずれにせよ、行動する権利の裏づけとなるのは、委任ではなくて権限である。そして、法律に違反しようものなら、いかなる権限も消滅してしまうのである。

しかし、以上のような制約があるにもかかわらず、国王の身体と権威の安全はともに確保されている。したがって、統治者や政府には、何の危険も生じないのである。

二〇七．第三に、首長の身体がそれほど神聖視されていない統治形態を想定してみよう。「首長のいずれの違法な権力行使に対しても、抵抗することは合法である」という原則が適用されるからといって、些細なことが起こるたびに首長が危険にさらされるとか、統治が紛糾《ふんきゅう》するとかいったことは起こるまい。なぜなら、被害者が救済され、法に訴えることにより損害が取り戻されるとすれば、実力に訴えるための口実は、設けようがないからである。実力の行使が許されるのは、法に訴えることが阻止されている場合だけである。それはそうだろう。法に訴えるという自己防衛手段が封じられている場合を除けば、敵対的な力と見なすことのできる力は存在しないのだから。ちなみに、こうした敵対的な力が存在すればこそ、それを行使する者が戦争状態に突入したことになるのである。また、そのようなことをしでかす相手に対して、抵抗することが合法化されるのである。

公道で、手に剣を握っている男が「財布を寄越せ」と要求してきたとする。こちらの懐《ふところ》に入っているのは十二ペンスにすぎないかもしれないが、私がこの男を殺したとしても、それは合法である。一方、別の男に百ポンド預けたとしよう。馬車から一時下車している間だけのつもりでいたのに、ふたたび馬車に乗り込んでみると、男は金を返すのを拒む。それどころか、こちらがそれを取り戻そうと躍起になると、相手は剣を振りかざす。わが物にした以上は、暴力をふるってでも手放さないぞ、というわけである。この男のせいで生ずる被害額は、初めの男が奪うつもりでいた（けれども、こちらの反撃に遭って殺され、奪うことのできなかった）私の有り金の、百倍か、もしかすると千倍に及ぶかもしれない。だが、初めの男を殺すことが合法的であるのに対し、後の男を同様に扱うことはできない。怪我を負わせることすら許されない。そのようなことをすれば、法にそむくことになる。

理由は明らかである。初めの男が力を行使し、こちらの生命が脅《おびや》かされたとき、命を守ろうにも法に訴える時間の余裕はなかった。また、ひとたび生命を失えば手遅れとなり、訴え出ることができなくなる状況にあった。法には、死骸を生き返らせることはできない。つまり、損失をつぐなうことは不可能だったのである。そのような事態は阻止しなければならない。だからこそ自然法によって、一定の権利が与えられているのである。それは他でもない、こちらとの間で戦争状態に突入した者、殺すぞと脅《おど》しをかけてきた者を殺す権利である。しかし、後の男の場合、私の生命は危険にさらされたわけではない。だから、法に訴える余裕がある。そして、法に訴えることによって百ポンドを取り戻すことができるのである。

二〇八．第四の点。しかし、為政者のしでかした不法行為が（当人のそなえている権力によって）擁護されるとしよう。また、法にもとづいて本来ほどこされるべき救済措置も、やはりその権力によって邪魔立てされるとしよう。しかし、このような目に余る暴挙がおこなわれた場合ですら、抵抗権がにわかに、あるいは些細なことをきっかけとして、統治を混乱に陥れることはあるまい。

それは次のような理由による。右のような状況が一般人の個々の事例にとどまるとしよう。それらの人々は確かに自己防衛の権利をそなえ、不法な力によって奪い取られたものを力によって取り戻す権利をそなえている。しかし、そのような権利があるからといって、向こう見ずに闘争に身を投じることはしない。そのようなことをすれば、身を滅ぼすことが確実だからである。抑圧された者が一人か数人で立ち上がったところで、国民全体が「それは自分に関係のないことだ」と考えている限り、統治体制を打破することはできない。それは、妄言《もうげん》を振り回す狂人や軽挙妄動《もうどう》する不満分子が安定した国家を打倒することができないのと同じことである。国民は、そのいずれにも追随しようとはしない。

二〇九. しかし、為政者の不法行為が国民の大半に及んでいるとしよう。あるいは、危害や抑圧にさらされているのがごく一部の人々だけであるとしても、前例や事態の展開から判断して脅威が全員に及びかねない様相を呈しているとしよう。しかも、法とともに財産・自由・生命、さらには恐らく信仰までもが危殆《きたい》に瀕《ひん》しているということが、良心に照らして確信できるとしよう。そうだとしたら、不法な力を加えられている国民がそれに抵抗することを、どうして妨げることができようか。

実のところ、統治者が広く国民から猜疑の目を向けられたときには、いかなる政府もこのような国民の抵抗をまぬかれないのである。統治者が陥る可能性のある危地のうち、これほど危険なものはない。しかし、それを回避することは本来たやすいことであり、その分、統治者に対する同情は割り引くべきである。一家の父親が子どもたちを愛しその世話に励むなら、子どもたちは必ずそれに気づく。同様に、統治者が本気になって国民の利益を計り、国民とその法を併《あわ》せて保全しようとするなら、国民は必ずやそれを目で捉《とら》え、感じ取るはずである。

二一〇. しかし、君主の、次のような所業が世間の隅々にまで知れるとしよう。食言すること。法の網をすり抜けるために手練手管を用いること。大権という預かり物を本来の目的に反して行使すること（ちなみに大権とは、若干の事柄に関して君主の手中に残されている恣意的な権力であるが、その目的は国民に害ではなく利益をもたらすことにある）。あるいは、そうした企《たくら》みに適していれば大臣や官吏として取り立てられ、それを推し進めれば目をかけられ、妨げれば見限られるということを、国民が知るようになったとしよう。あるいはまた、国民が次のような光景を目撃したとしよう。すなわち、恣意的権力の行使が繰り返される。恣意的権力を導き入れることに積極的な宗教が、（表向きは批判的な扱いを受けているのに）ひそかに厚遇される。そして、権力の手先が最大限の支援を受ける。支援を受けられないまでも、「愛《う》いやつ」と思われ、気に入られる。たとえば、枢密院がそのような傾向にあることが、一連の行動に照らして明らかになるとしよう。

そうなると、物事がどのような方向に進んでいるのか、胸中に強い確信が湧き起こるのを抑えることはできない。また、どうすればわが身を救うことができるのか、心を砕かないわけにはいかない。それはちょうど、船長が絶えずアルジェの方向から逸《そ》れないように針路をとっているなら、乗客は自分たちがアルジェに向かって運ばれているのだと確信しないわけにはいかないのと同じことである。逆風や浸水、そして人手と食料の不足のせいでしばらくの間コースを変更せざるを得ない場面がしばしば繰り返されたとしても、風、天候、その他の条件が整い次第、船長が元の針路に着実に戻るのであれば、そうした確信はくつがえらないのである。

第一九章　統治の消滅について

二一一．統治の消滅についていささかなりとも明晰《めいせき》に語ろうとするのであれば、第一に、社会の消滅と、統治の消滅を区別しなければならない。共同体が成立し、人間がゆるやかな自然状態を脱し、一個の政治的社会を形成する――そのためには、一人ひとりが他の人々との間で協定を取り結ぶ必要がある。それによって人々は、一体化し、全体として有機的に行動するようになる。そして、他から区別された一個の国家となる。

こうした人間相互の結びつきが解消されるのは、通例、外国の勢力が侵入してきて、人々を征服したときである。それ以外のパターンはほとんど見られない。もっともなことである。そのような場合（人々は自分たちを、一個のまとまりのある独立した団体として維持することができなくなるので）既存の団体に付きものの団結は必然的に解消され、各人はかつての自然状態に戻るのである。その際、みずからが妥当と考えるところにしたがって、どこか別の社会で自力更生し、わが身の安全を確保することは自由である。社会が消滅すれば、その社会を統治するという行為はもはや続けようがない。それは確かである。このように、征服者の武力は往々にして統治構造を根底から破壊し、社会を粉砕する。そして民衆は、征服されるか、そうでなければ四散する。暴力から守ってくれるはずだった社会という共同体に保護を求めるとか、依存するとかいったことは、不可能になる。

世間は、統治が消滅する仕組みを知悉《ちしつ》し、進んで容認している。だから、それについてさらに補足説明する必要はなかろう。また、統治が社会の消滅とともに終わるということを証明するために、あれこれ議論するには及ばない。統治はちょうど家屋の骨組みと同じなのである。家屋の骨組みは、その材料が突風のせいでばらけたり、外れたりしたとき、あるいは地震のために崩れて瓦礫《がれき》の山となったとき、もはや持ちこたえることはできない。

二二二　統治の仕組みは、このように外部からくつがえされることもあるが、そのほか内部から自壊することもある。

第一に、立法部が変容した場合。政治的共同体とは、その構成員の間で平和が保たれた状態のことである。政治的共同体の構成員は、立法部のそなえている仲裁権のおかげで、戦争状態に陥ることをまぬかれている。立法部における仲裁権の役割は、社会の構成員の間で起こり得るあらゆる紛争を解決することにある。ということは取りも直さず、この立法部が存在するからこそ、国家の構成員は団結し、まとまりのある有機体となるのである。立法部は、国家の形態・生命・統一をもたらす精髄である。ここを起点として、各構成員は相互に影響を及ぼしたり、同調したり、接触したりする。したがって、立法部が破壊されるか解体されるかすれば、それにともなって統治の溶解と死滅が起こる。

それは次のような次第だからである。社会があくまでも社会であろうとするならば、また、社会が団結を保とうとするならば、同一の意志を共有することが鍵となる。したがって立法部は、多数派を占める構成員によってひとたび確立されると、そうした意志を宣言し、それをいわば遵守《じゅんしゅ》するのである。立法部を設立することは、社会が最初にやってのける本源的な行為である。それによって、社会の団結を保つためのそなえができる。その際、指針としての役割を果たすのは、人民の同意と任命によって権威をさずけられた人々の指導であり、また、それらの人々によって制定された法律である。

人民の同意と任命という手続きを経なければ、人民のうちのだれも、法律を制定する権限を持つことはできない。なにしろ法律は他の人々を拘束するのだから。人民から任命を受けていないのに法律の制定を引き受けるとすれば、権限もないのに法律を制定するのと同じことである。したがって人民は、そのような法律に従う義務はないということになる。このようにして、人民はふたたび服従から脱する。その場合、最適と考えられる立法部を新規に設立することが許される。というのも、権限もないのに何かを押しつけてくる徒輩の力に抵抗するのは、まったく自由だからである。社会からの委任を得て公共の意志を宣言している人々が、社会から排除され、そうした権限や委任を受けていない連中によって地位を強奪されるとしよう。その場合、各人は自分の意志のままに行動してもかまわないのである。

二一三　通常、このような事態を引き起こすのは、国内で自己の権力を濫用《らんよう》する者である。こうした事態の発生を許す統治形態を理解していないと、事を正しく考察することはできない。また、責任の所在がどこにあるのかも分からない。そこで、まず、以下の三者が相互に作用する中で立法権の位置が定まると仮定しよう。

（一）恒久的な最高執行権を世襲で受け継ぐ人物［君主］。国内唯一の存在であって最高執行権とともに、一定の期間内に他の二者を招集し解散する権限もそなえている。

（二）世襲貴族の合議体［上院］。

（三）国民が任期付きで選出する代表者の合議体［下院］。

このような統治形態を想定すると、以下の諸点が明らかになる。

二一四　立法部の変容――その一。法律は社会の意志を体現し、立法部によって布告される。にもかかわらず、右に挙げた国内唯一の人物すなわち君主が、おのれの恣意的な意志を前面に打ち出し、法律を犠牲にしたとしよう。そのとき立法部は変容しているのである。それは以下の理屈による。立法部が真の立法部であるためには、立法部の制定する決まりや法律が履行される必要がある。また、それらの決まりや法律は強制力を発揮しなければならない。法律や決まりを定めるのは社会の設立した立法部であるはずなのに、それとは別の法律が設けられたり、別の決まりが本物だという触れ込みのもとに執行されたりすれば、立法部が変容していることは明らかである。立法権の基盤となる「社会からの任命」を経て初めてしかるべき権限を与えられるのに、それを欠いたまま新規の法律を導入し、既存の法律をくつがえすとすれば、それは、既存の法律を制定した権力を否認、打倒し、新たな立法部を設立したに等しい。

二一五. 立法部の変容——その二。立法部は期日を迎えて参集し、立法部の設立目的にそって自由に行動する。それを君主が妨害するなら、立法部は変容したに等しい。その理屈はこうである。立法部が成立するには、一定の数の人間がいるだけでは不十分である。いや、会合を開いたとしてもやはり不十分である。それに加えて、社会の利益に役立つことを合議する自由と、それを実行に移すための時間的余裕が与えられなければならない。そうした要件が奪い去られるか骨抜きにされるかして、社会がしかるべき権力の行使を封じられるとすれば、立法部は文字どおり変容をこうむったことになる。それはそうだろう。統治が成立するために必要なのは、統治という名称ではない。統治にともなうはずの権力が行使されて初めて、統治が成立するのである。したがって、立法部から自由を奪ったり立法部の適時的な行動を妨げたりすれば、それは事実上、立法権を奪い取り、統治を断ち切ったに等しいのである。

二一六．立法部の変容――その三。君主が恣意的な権力を用いて有権者の資格や選挙の方法を変更するとしよう。その際、国民の同意を得ることもなく、しかも国民共通の利益をないがしろにしたとしよう。この場合も立法部は変容したことになる。というのも、社会から選挙権を与えられた有権者とは別の人々が議員選出の任にあたったり、あるいは、議員の選出方法が社会の定めた方法と異なっていたりすれば、選出された人々は、国民によって指名された議員とは言えないからである。

二一七．立法部の変容――その四。君主または立法部によって国民が外国の権力に引き渡され、その支配下に移されることがある。これも確かに立法部の変容であり、したがって統治の消滅である。その理屈はこうだ。人民は共同体を結成するにあたって追求している目的がある。それは、一体性のある、自由で独立した共同体として保全されること、また、共同体に固有の法律にもとづいて統治されることである。したがって、人民が他国の権力のもとに移されるなら、例外なく、そのような目的は潰《つい》えたことになる。

二一八．統治の消滅には、右に述べたさまざまなケースがある。イングランドのような体制のもとでは、統治の消滅は君主の責任に帰せられるべきである。その理由は明らかである。なぜそう言えるのか、説明しよう。君主は、手中の、国家の兵力・財力・官僚を利用することができるし、最高の為政者としてだれの支配も受けない。君主はそのことを確信する機会が多い。また、周囲からもそのように持ち上げられる。君主だけが合法的な権限を楯にして、前述のような立法部の変容に向け、大きく踏み出すことのできる立場にある。また、手中のそうした権限にもとづき、反対する者に挑発分子とか煽動分子、あるいは政府の敵として烙印を押し、威嚇したり抑圧したりすることができる。

一方、立法権力のうち君主以外の部分［すなわち議会］や人民は、立法部の変更を独力でくわだてることはできない。あえてくわだてれば、公然と、そして露骨な形で蜂起せざるを得ないので、あっさり察知されてしまう。それは、仮にうまく行ったとしても、外敵による征服とほぼ同じ結果をもたらすことになろう。しかも、わが国のような統治形態のもとに置かれている君主は、議会を解散し、そうすることによって議員を一介の民間人に引き戻す権力をそなえている。したがって、君主と対立した状態で、あるいは君主の協力を欠いた状態で、法律によって立法部を変更することはできない。なにしろ、布告を公認のものにするためには、君主の同意が必要なのだから。立法部の一部である議会がそのようなことを顧みることなく、統治を損なうような企《くわだ》てに何らかのやり方で力を貸したとしよう。すなわち、企てを助長するか、あるいは、止め立てすることができるのに手をこまねいていたとしよう。そのような場合、議会は責任をまぬかれない。そして、人間が相互に犯す罪のうちでも間違いなく最大の罪に加担したことになる。

二一九．統治の解体は、統治が変容したときにだけ起こるわけではない。統治が消滅する第二のパターンもある。それは、最高の執行権を握っている者が責務を怠って放り出し、その結果、既存の法律が執行されなくなるという形をとる。それは明らかに、すべてを無政府状態に戻すこと、したがって覿面《てきめん》に統治を解体することにつながる。それは次のような次第だからである。法律はそれ自体のために制定されているわけではない。むしろ、法律の執行を通じて社会をたばね、国家という有機体の各部分をしかるべく配置し、その機能を発揮させることを目指しているのである。したがって、そういった仕組みが全面的に停止するなら、統治も一目瞭然、停止し、国民も、秩序や連携を失った烏合《うごう》の衆に成り下がるのである。もはや司法が機能せず、したがって人権が確保されていないとしよう。そして、武力を統制する権力、公共の必要にそなえる権力が、共同体の内部に残っていないとしよう。そこには間違いなく、いかなる統治も残っていないはずである。法律の執行ができないとすれば、法律が存在しないのに等しい。法律抜きで統治をおこなうなどということは、けだし、政治における神業《かみわざ》である。それは、人間の頭には思い浮かびもしない事態であり、およそ人間社会には調和しない事態である。

二二〇．以上のようなケース、あるいはそれに類似したケースで、統治に終止符が打たれると、人民は自力更生する自由を得る。それは、旧来の立法部と異なる立法部を新規に設立するという形をとる。立法部の新設は、人民が自分たちの安全と利益にとって最適と思うところに従って、立法部の人員構成または形態、あるいはその両方を変更することによっておこなわれる。人民がこうした自由を得るのはなぜか。君主があやまちを犯したからといって社会は、天与の、そして固有の権利を失うことはないので、自己保全を図ることが許されるからである。自己を保全することができるのは、確立した立法部が存在し、そのような立法部によって制定された法律が、公正かつ公平に履行されている場合だけである。

しかし、である。人類の置かれた状況がまだあまり悲惨なものになっておらず、右に述べた解決策に訴えることが可能であるのは、まだ手遅れにならない間のことである。ひとたび手遅れになると、そのような策を模索することはできなくなる。圧政や策略によって、あるいは外国の権力に引き渡されるかして、既存の立法部が消滅するとしよう。その段階になって、「新規の立法部を設立することによって自力更生を図ってもよろしい」と告げられても、それは後の祭りである。

たとえて言うなら、病気が手遅れの段階を迎え、手のほどこしようがなくなった後で、快癒が期待できますなどと気休めを告げられるのと同じことである。これは事実上、まず奴隷になれと命令され、その後で、自由を大事にしろと言われるようなものである。あるいは、鎖で縛られてから、自由人のように振る舞っても差し支えないと申し渡されるようなものである。これは――それが露骨であるなら――救済というより愚弄《ぐろう》である。

専制を未然に防ぐ手立てがないとすれば、専制から身の安全を守ることはできない。そして、最後には完全に専制の支配下に置かれるようになる。だからこそ人々は、既成事実となった専制から逃れる権利ばかりか、専制を予防する権利もそなえているのである。

二二一. 統治の変容以外の原因で統治が解消されるパターンは、右のものにとどまらない。第二に、もう一つ、立法部と君主のいずれかが信託にそむいて行動するというパターンもある。

第一に、立法部がおのれに寄せられた信託にそむいて行動する場合が挙げられる。信託にそむいたことになるのは、立法部が臣民の所有権を侵そうと試み、みずから国民の生命・自由・財産を支配し、恣意的に処理するようになったときか、あるいは、共同体のいずれかの部分にそのようなことをやらせたときである。

二二二　人々が社会を結成するのはなぜか。自分たちの所有権を保全するためである。また、人々が立法部を選出し、権限をさずけるのは何ゆえか。それは、法律や決まりが社会の構成員全員の所有権を守る防壁となるように定められることを願っているからである。そうなれば、社会の各員、各部分の権力を制限し、その支配を和らげることができる。

なぜこのように断定できるのか。以下のことを考えてみればよい。各人には、社会を結成することによって確保しようと考えている事柄があり、また、国民には、みずから設立した立法部に服従する見返りとして求めている事柄がある。そうした狙いや願いをそこなう権力を立法部が持つなどということは、国民の願うところであろうはずがない。したがって、国民の所有するものを奪い取り、台なしにすること、あるいは、恣意的な権力のもとで国民を格下げし、奴隷の状態におとし入れること——このようなことを試みようものなら立法部は、国民を相手に戦争状態に突入したことになる。そうなると国民は、それ以上服従する義務はなくなる。そして、共通の逃げ場に身を寄せる。そのような逃げ場は、暴力から身を守るために神の計らいにより万人に用意されているのである。

したがって、立法部が社会のこのような基本的な掟を破ったとしよう。そして、国民の生命・自由・財産を思いのままにする絶対的な権力をみずから握ろうと試みるか、あるいはそれを、ほかのだれかの手に握らせようと試みるとしよう。それは、野心または恐怖心に駆られてのことかもしれない。あるいは、短慮のゆえかもしれない。あるいは、倫理感を失ったせいかもしれない。いずれにしても、立法部が右の暴挙に出たときには必ず、信託を裏切ったことによって権力を剝奪される。その権力は、もともと国民がまったく別の目的で立法部に預けておいたものなので、国民の手に回収される。なぜなら国民は、本来の自由を取り戻す権利をそなえているからである。そして、(自分たちにとって妥当と思える)新たな立法部を設立することによって、自分たち自身の安全と安心を確保する。安全と安心こそ、人民が共同体を結成する目的にほかならない。

ここで私が立法部一般に関して述べたことは、最高の執行権者にも当てはまる。最高の執行権者は二重の信託を寄せられている。すなわち、立法部の一角を占めると同時に、法の究極的な執行にも関与している。したがって、自分の恣意的な意志を社会の法として打ち出そうとするなら、両方の信託を裏切ることになる。信託にそむいたことになるケースは他にもある。第一に、社会の武力・財力・官職を利用して代議員を買収し、自分の目的のためにそれら代議員を抱き込む場合。第二に、あらかじめ選挙民から公然と応諾を取りつけ、投票先を指示する場合。投票すべき候補者として指示されるのは、懇願・脅迫・利益供与の約束、その他の働きかけに屈して言うことを聞くようになった傀儡《かいらい》である。第三に、そのような働きかけを有権者に対しておこない、特定の候補者を議会に送り込む場合。特定の候補者とは、いかなる法案に投票するか、いかなる法律を制定するか、あらかじめ約束している人々のことである。

このように候補者と有権者を操作し、選挙方法を作り替えるとしよう。それはまさに、統治を根底から断ち切り、公共の安全の源泉となるものに毒物を注入することに他ならない。なぜそう言えるのか。理屈はこうである。人民は自分たちの所有権の守護者として代表者を選ぶ権利を保持している。そのような権利を行使することが許されるのは、その目的が次のことを実現することにあるからだ。すなわち、代議員が常に自由に選出されること。そして、そのように選出された代議員が、国家と公益にとって必要だと判断されるところに従って自由に行動し、意見を具申することである（判断を下すに先立って事を精査し、十分に審議を尽くさなければならない）。そのような審議に耳を傾けることもなく、また、事態をあらゆる面から検討することもせずに候補者に投票するなら、右の目的は達せられない。このような議会を仕立て、国民の真の代表者である社会の立法者の代わりに、公然たる傀儡を前面に押し立てようと試みるとしよう。それは間違いなく信託に対する裏切りとなる。また、政府転覆のたくらみを宣言することになる。これほどはなはだしい裏切りや、これほど露骨な宣言には、まずお目にかかれない。

これに加えて、同じ目的のために公然たる賞罰を用い、法を悪用してあらゆる術策に訴えるとしよう。そして、そのようなたくらみの前に立ちふさがる者、祖国の自由を裏切ることに応じない者、賛成しない者を、ひとり残らず排除、撲滅するとしよう。その場合、何がおこなわれようとしているのか、疑問の余地はなかろう。権力が初めて樹立されたとき、そこには信託がともなっていた。右に述べたように、そのような信託に反して権力を用いる徒輩がいる。彼らは社会においていかなる権力を持つべきか。それを判断するのは、造作のないことである。ひと度このようなことを企てればもはや信頼されないということは、だれの目にも明らかである。

二二三、これに対しては、恐らく次のような反論がなされよう。国民は無知であり、常に不満を抱いている。国民のぐらつく意見や変わりやすい気分に統治の基礎を置くなら、それは、統治を放置し確実に破滅に至らせるに等しい。しかも、国民が既存の立法部に怒りを覚えるときはいつでも新規の立法部を設置してもかまわないということになれば、いかなる統治も長続きしない——。

これに対してはこう答えよう。まったく逆である、と。人々は、一部の論者が言うほどあっさりと旧来の統治形態に見切りをつけることはしない。人々は慣れ親しんできた枠の中では、欠陥が分かっていてもそれを矯正しなければならないという説得をなかなか受け入れない。したがって、内在的な欠陥がある場合でも、あるいは、経年劣化によって事後的に欠陥が生じた場合でも、その変革を人々に促すことは容易なことではない。世間全体が「今こそ欠陥を改める好機だ」と見ているときであってもそうなのである。国民はこのように、既存の政治体制の放棄を渋る。したがって、往時および近年のイングランドで見られた少なからぬ革命［十七世紀の一連の革命］を経ても、私たちは依然として、国王・貴族院・庶民院から成る既存の立法部から離れられなかった。あるいは、むなしい企《くわだ》てがひとしきり続いた後、結局、元の体制に舞い戻るのが常であった。そして、人民が憤激のあまり国王から王冠を奪うという事例もないではなかったが、その場合でも人民は、王冠を別の王朝に移すといった挙には出なかったのである。

二二四．しかし、このような仮説を立てるから、それが温床となって叛乱が頻発するのだ、との反論があるかもしれない。それに対しては次のように答えておこう。

第一に、右の仮説を立てたからといってそのようなことが起こるわけではない。それは、他の仮説の場合と同じことである。たとえば、国民が惨憺《さんたん》たる状況に置かれ、恣意的な権力の濫用にさらされているということに気づくとしよう。その場合、彼らの統治者を、最高神ジュピターの子孫だとして口をきわめてほめそやすがよい。また、やれ天の子孫であるとか、やれ天から権威を与えられているとか、神聖な存在に仕立て上げるがよい。あるいは、当人の家柄や人物はかくかくしかじかなのだと、好きなように言いふらすがよい。それでもやはり同じことが起こるであろう。

国民は、その全体が権利に反して苛酷な扱いを受けるなら、機会があり次第、自分たちを圧《お》しひしぐ重荷を取り除こうとするだろう。そして、好機の到来を願い求めるであろう。そのような好機は、いずれ遠からずやって来る。人間の営為には、移ろいやすさ、弱さ、そして不測の出来事が付きものだからである。物心がついてからこのような実例を見たことがないとすれば、この世で過ごした歳月がごく限られているに違いない。また、この世のあらゆる種類の統治の中から、そうした実例を挙げることができないとすれば、読書量が恐ろしく少ないに違いない。

二二五．第二に、次のように答えておこう。そのような革命は、政治に些細な不手際があるたびに起こるわけではない、と。為政者側の重大な失政、数多くの不適切で不便な法律、人間の弱さから生ずるありとあらゆる過失――そのようなものであれば、国民は叛逆することもなく、不平を漏らすこともなく、耐え忍ぶであろう。しかし、どこまでも続く汚職・強弁・権謀術数がいずれも同じ傾向を示しており、国民の目にその狙いが明白になるとしよう。そして、自分たちがいかなる環境に置かれているのか、いかなる方向に進んでいるのか、実感せざるを得なくなったとしよう。

そうなったときに国民が決起し、統治体制の発足当初の目的を達成してくれそうな人々に支配権を移そうと試みるとしても、それは不思議なことではない。そうした目的が達成されないのであれば、由緒正しい王朝の名を掲げようと、あるいは統治形態の体裁を整えようと、それは自然状態や純然たる無政府状態とくらべて優るどころか、むしろ、はるかに劣っているのである。というのも、問題が自然状態や無政府状態の場合とまったく同じように重大で切迫しているというのに、それを解決する方法が手近なところにないし、その実行もむずかしいからである。

二二六．第三に、次のように答えておこう。まず、上述の説を繰り返すと、こうである。立法者が国民の所有権を侵すという行為によって信託を裏切った場合、国民は新たな立法部を設けることによってあらためて安全を確保する。国民はそうする権力を与えられているのである。このような説は、叛乱を防ぐのに最善の防壁である。叛乱を阻止するための手立てとして、これほど有望なものはない。というのも叛乱とは、人に反抗するのではなく権威に反抗することであり、権威はもっぱら統治の仕組みと法律を支えとしているからである。暴力によってそのような仕組みと法律を侵し、暴力によってその正当化を図る者はだれでも、正真正銘の叛逆者である。なぜそう言えるのか。人々は社会を結成し、市民中心の統治の仕組みを整えるのにあたって、暴力を排除した。また、所有権、平和、人民の統一を保全することを目的として法律を導入したからである。法に反して暴力を行使するのであれば、叛乱を起こすに等しい。すなわち、戦争状態を再燃させるに等しい。そのようなことをしでかす者は、まがう方なき叛逆者である。

権力を掌中に収めていると、とかくそのようなことに走りがちである(それを助長するのは、権威をそなえているという思い上がりや、手中の武力による誘惑、そして周囲の人々からの追従《ついしょう》である)。こうした悪弊《あくへい》を防ぐ最適の方法は、その誘惑にさらされている人々に、それが危険かつ不当であることを教えることである。

二二七. 以上、立法部が変容する場合と、立法者が使命に反して行動する場合について述べた。いずれの場合も、責めを負う者の罪名は「叛乱の罪」ということになる。理屈はこうである。社会には既存の立法部と、立法部が信託に応えて制定した法律がある。それを暴力によって一掃するなら、その行為によって仲裁権を奪い去ったことになる。仲裁権は、あらゆる紛争を平和的に解決し、人間同士の戦争状態を防ぐために、万人の同意を得て成立したものである。立法部を廃止するか、あるいは変質させた場合、何が起こるか。まず、こうした仲裁権は消滅したことになる。というのもそれは、人民の指名と同意がなければ成立しないからである。次いで、人民によって確立された（しかも、人民以外のだれにも確立することのできない）権威が破壊される。そして、人民の認めていない権力が出現し、戦争状態が現実のものとなる。戦争状態とは、相応の権限がないのに武力を行使することである。このような次第で、社会によって確立された立法部が廃止されると、国民をたばねていた要《かなめ》がほどかれる（それまでは、立法部が決定を下すと国民は、あたかも自分自身の意志の決定に従うかのように服従し団結したものだが）。そして、国民はあらたに戦争状態に追い込まれる。

ちなみに、暴力を行使して立法部を奪い去る者が叛逆者であるとするならば、すでに論じたとおり、立法者自身も叛逆者と見なされる場合がある。それは、国民とその自由および財産を保護、保全するために任命されたことを忘れ、力ずくでそれを侵し、奪い去ろうと試みる場合である。そして、国民の平和を守るという役割をさずけてくれた人々との間で、戦争状態に突入した場合である。こうなると立法者は、文字どおりふたたび戦争をする者（rebellantes）、すなわち叛逆者（rebels）と化する。これほどの大罪はない。

二二八．しかし、である。「そのようなことを説くと叛乱に根拠を与えることになる」と主張する人々の言わんとしていることが、以下のことだとしよう。「ある説によると、『国民の自由や所有物を狙う不法な企てがおこなわれるとき、国民は服従の義務から解放される。そして、為政者が自分に寄せられた信託に反して国民の所有物を侵すとき、為政者の不法な暴力に反抗しても差し支えない』。このような説を国民に告げようものなら、内戦や内紛を引き起こすことになりかねない。したがって、こうした説は世の平和を乱すものであり、そのようなことを唱えることは許されない」。

しかしこれは、同一の論拠にもとづき、正直者に向かって次のように説くのと同じことである。「強盗や海賊に抵抗することは許されない。なぜなら、そのようなことをすれば混乱や流血を招きかねないから」。

このような事例において実害が生じた場合、その責めは、自己の権利を守った者ではなく、隣人の権利を侵した者が負うべきである。持ち物を強奪されそうになったとき、平和を保つためだからといって、おとなしく持ち物を一つ残らずくれてやる——罪のない正直者がそのようなことをしなければならないとすると、この世にいかなる種類の平和が広がるだろうか。とくと考えてもらいたい。それは、もっぱら暴力と強奪のうちにある平和である。そして、強奪者と弾圧者の利益を計るために維持される平和である。子羊が何の抵抗もしないまま、我がもの顔に振る舞うオオカミに喉を食いちぎられるとすれば、それは、強者が弱者に強《し》いた怪しむべき平和である。こうした見方に異《い》を唱える者があるだろうか。

ギリシア神話に登場する人食い巨人ポリュペモスの洞窟は、このような平和と統治の典型的な例となっている。そこに閉じ込められたオデュッセウスとその仲間たちは、食い殺されるのをおとなしく待つ以外に、なす術《すべ》がなかった。恐らく、用心深いオデュッセウスは仲間たちに、黙従することが大事だと説き、忍従するしかないと忠告したはずである。オデュッセウスはその論拠として、平和が人間にとってどれほど大事か力説し、自分たちを支配しているポリュペモスに対して反抗をくわだてようものなら、どれほど厄介なことが起こるか、縷々《るる》説明したことであろう。

二二九．統治の目的は、人間の福利を図ることにある。そうだとすると、次の状態を比較した場合、どちらが人間にとって望ましいであろうか。一方は、国民が専制の、節度なき意志に絶えずさらされている状態。他方は、支配者がとかく反抗を受けがちな状態。ただし反抗を受けるのは、支配者が権力の行使において目に余る態度をとるようになり、国民の所有物を保全するのではなく破壊するために権力を行使する場合に限られる。

二三〇．また、前述の説に元凶を求め、そのような説のせいで観念論者や血気盛んな連中が統治の変更を求める気になり、そのたびに害が生ずるなどという暴論は、許されるべきではない。確かにそれらの人々は、気が向けばいつでも軽挙妄動する。しかし、そのような挙に出れば、みずから墓穴を掘り、身を滅ぼすだけのことである。それは次のような事情による。国民は、抵抗することによって原状に復帰するよりもむしろ、苦しみを甘受する傾向が強い。したがって、危害が国民全体に広がり、支配者の奸計《かんけい》が目に余るものになるか、あるいは支配者の目論見が大半の人々に感得されるまで、なかなか決起しようとしない。あちこちで不運な人間が不正や弾圧を受けているとしても、国民はその個々の事例だけでは動かないのである。

しかし国民が、自分たちの自由を奪おうとする企てが着々と進んでいるという確信を、明白な証拠にもとづいて広く共有するとしよう。また、事態の全般的な趨勢《すうせい》や傾向から判断して、支配者が悪辣《あくらつ》な意図をいだいているに違いないと、強い疑念をつのらせるとしよう。そのような事態を招いた責任は、だれにあるのだろうか。そのような事態を避けられるはずの者が、みずから疑惑の渦中に身を投ずるとすれば、助け船を出すことはだれにもできない。国民は理性的な被造物にふさわしい思慮分別をそなえている。また、物事を見たまま、感じたままにしか受け止められない。だからといって国民は、その責めを負わなければいけないのだろうか。あやまちはむしろ、物事をありのままに受け止められては困るような状況を招いた、支配者の側にあるのではないか。

確かに、一般人の思い上がり、高望み、見境のない行動が国家の大きな動乱を引き起こすこともある。また、党派間の争いが［たとえば連邦結成前のオランダの］州や君主国にとって致命傷になったこともある。しかし、害悪の発生源となることが多いのは、次のいずれであろうか。国民の気まぐれであろうか。すなわち、支配者の合法的な権威を一掃しようとする欲求であろうか。それとも、支配者側の横暴であろうか。すなわち、国民をほしいままに支配する権力を獲得、行使しようとする試みであろうか。別の言葉で問おう。最初に混乱を引き起こしたのは、支配者側の弾圧であろうか、それとも国民の不服従であろうか。その判断は、公正な歴史にゆだねたい。

ただ、これだけは確かである。支配者にせよ臣民にせよ、暴力によって君主または国民の権利の侵害をくわだてる者や、公正な統治の基本的な仕組みと枠組みを打倒するための布石を打とうともくろむ者は、人間の犯す罪の中でも恐らく最大の罪に問われる。流血・掠奪《りゃくだつ》・荒廃など、統治を粉砕することによって国にもたらされるあらゆる災いの責任を負うのだから。また、そのようなことをしでかす者は、人類共通の敵、人類共通の疫病神と見なされるのが当然であり、それ相応の扱いを覚悟しなければならない。

二三一．だれかの所有物を暴力によって奪おうとする臣民または外国人がいるとしよう。そのような輩《やから》に対しては、実力を行使して抵抗しても差し支えない。そのような見方で衆目は一致している。

しかし、為政者が同様のことをした場合〔国民が〕抵抗しても許されるかというと、最近、その妥当性が否定されることがある。あたかも、法によって最大の特権と優位性を与えられている人々は、まさにそれゆえに、そうした法律を破る権力を保証されるかのように。ところが、為政者が同胞国民よりも高い地位に置かれるのは、ひとえに法律に支えられているおかげなのである。法律を破ったことによって彼らが負う罪は重い。法のおかげで人並み以上の分け前に与《あずか》っているのに、そのことに対する感謝を忘れ、また、同胞から寄せられた信託を裏切るわけだから、なおさらである。


二三二．相応の権利がないのに実力を行使すると、社会において無法状態のうちにそのようなことをした場合と同じく、攻撃された側との間で戦争状態に突入したことになる。このような状態になると、既存のきずなはことごとく断ち切られる。権利はおしなべて失効する。各人に残される権利はただ一つ、わが身を守り侵略者に抵抗する権利だけとなる。これは至極明白なことである。

スコットランドの法学者ウィリアム・バークレー（一五四六～一六〇八年）は、国王の権力と神聖さを擁護する論客の中でも急先鋒の立場にある。そのバークレーですら、「国民が国王に抵抗することは、場合によっては合法である」と認めることを余儀なくされているほどである。しかも、バークレーはこのことを、「国民は神の法によりあらゆる種類の叛乱を封じられている」ことを証明しようとした章において述べているのである。以上のことから明らかであるが、ほかならぬバークレーの説に従った場合ですら、国民の抵抗が許されるケースがある以上、君主に対する抵抗がすべて叛乱となるわけではないと言える。

二三三．バークレーの立論は以下のとおりである。

そうすると、国民は絶えず専制の虐待をこうむり、猛威にさらされねばならぬのか。また、次のような惨状を目《ま》の当たりにしても、座して傍観せねばならぬのか。わが町が掠奪《りゃくだつ》を受け、灰燼《かいじん》に帰する。妻子が暴君の欲望と感情の激発にさらされる。家族もろとも国王の手にかかって没落の憂き目に遭い、貧窮と閉塞感に打ちひしがれ、ありとあらゆる苦難をなめる――。人間だけは、力には力で対抗するという普遍的権利を使ってはならぬのか。他の被造物はみな、自然界からそのような権利をふんだんに与えられ、わが身を守っているのに。

そのような問いかけに対する私の答えはこうである。自己防衛は自然法の一部である。たとえ相手が国王自身であっても、共同体に自己防衛の権利が与えられないということはあり得ない。しかし、国王に報復するというような所業は、決して許されない。そのようなことは自然法にそぐわないからである。このような次第で国民は、一定の条件のもとで、危害を避けるために抵抗し、自衛する権利を得るということになる。そのような権利が与えられるのは、国王が個々の人物に対して憎悪の念をあらわにするばかりか、自身の率いる国家という共同体を敵に回し、法外な権力濫用によって国民の全体か、あるいはその大部分を虐待する場合である。

国民はその際、わが身を守ることに専心し、君主を攻撃しないよう自制しなければならない。国民は、こうむった損害を取り返すことは許される。だが、どれほど憤懣《ふんまん》を感じようとも、身のほどをわきまえ、慎みを保たなければならない。国民は、仕掛けられようとしている攻撃をはね返すことは許されるが、過去に受けた暴力の恨みを晴らすことは許されない。というのも、私たちが自分の生命と身体を守るのは当然のことであるが、下の者が上の者を懲らすのは自然に反するからである。国民は、自分たちに対して仕組まれる奸計《かんけい》を未然に防ぐことは許される。しかし、ひと度それが実行された後は、よしんば国王が黒幕だとしても国王を相手に報復を図ってはならない。

要するに、これは一個人の有する権利を超えた国民全体の特権ということになるのだが、国民という共同体は、法外な専制に対しては慎み深く抵抗することを許されているということである。ジョージ・ブキャナン（一五〇六?～八二年）を唯一の例外として、我々の論敵ですら個々人に対しては、忍耐以外の解決策を認めていないけれども。ここで、「法外な専制に対しては」と条件を付けたのは、専制が度を越していない限り国民は堪え忍ぶべきだからである（バークレー『君主権力の絶対性を疑問視する者に反駁する』第三巻第八章）。

二三四．君主の権力を大いに擁護するバークレーも、この程度までは国民の抵抗を認めているわけである。

二三五．確かに、バークレーは二つの点で国民の抵抗を制限しているが、それは無駄なことである。バークレーは第一に、次のように述べている。抵抗するにあたって「慎み深い」態度をとらなければならない。第二に、報復ないし懲罰をともなってはならない。その理由は、バークレーによれば、下の者が上の者を懲らすことは許されないからである。

バークレーに反論しよう。第一に、「反撃することなく暴力に抵抗する」とか、「慎み深く攻撃する」といった文言の意味を人に理解させたいのであれば、いささか手際が必要であろう。相手に立ち向かうにあたって、攻撃を防ぐための楯を携えているだけだとしよう。あるいは、それ以上にうやうやしい態度をもって臨み、手に剣を持つこともなく、したがって相手の胆力と腕力を殺《そ》ぐこともできないとしよう。その場合、抵抗はたちまち行き詰まり、気がついたときには、そのような防御をしたのが祟《たた》って、もっとひどい目に遭っていることであろう。これは馬鹿げた抵抗方法である。それは、ローマの風刺詩人ユヴェナリス（紀元五九～一四〇年）が馬鹿げていると評した「殴られるままになる戦法」と同じほどナンセンスである。そして、戦闘の結果は、ユヴェナリスがその際描いたのと同じものにならざるを得ない。

したたかに殴《う》たれ、
勝ち目なく、
頭《こうべ》を低く、頼み入る。
あな、帰りたや、
わずかなれども我が歯が大事なれば。
あわれなる男《おのこ》の自由はかくの如し。

反撃は許されないとする想像上の抵抗は、決まってこのような結末をむかえるであろう。したがって、抵抗することを許されるのであれば、攻撃することも許されるのが筋である。バークレーか、あるいはほかのだれでも構わない。頭を殴られ顔を切りつけられ、それでいて相手を最大限に尊び敬うという神業を、是非実行してもらいたいものだ。殴られたにもかかわらず相手に対する尊敬の念を忘れないというのであれば、そのような骨折りの見返りとして、恐らく行く先々で丁重な、しかも敬意のこもった棍棒の一撃をお見舞いされることになろう。

第二に、「下の者は上の者を懲らすことはできない」というバークレーが設けた第二の制限について。これは、相手方が自分より上の立場にいる限りは、一般的に言って真実である。しかし、実力をもって実力に抵抗するということは、戦争状態にほかならない。この場合、当事者は互いに対等な立場に置かれることになる。そして、へりくだる、かしこまる、あるいは風下に立つといった従来の上下関係は解消される。当事者間に残る差は、不正な攻撃に対抗する者が優位に立つということだけである。そして、勝てば、攻撃を仕掛けてきた者を罰する権利が得られるということである。攻撃してきた側は、平和を侵し、それにともなって諸悪をもたらした責任を問われる。だからこそバークレーは、わざわざ別の箇所において、いかなる場合でも国王に抵抗することは合法的でないと力説しているのである。このほうが、バークレーの持論と平仄《ひょうそく》が合っている。しかし、そこでもバークレーは、国王がみずから退位することになるケースを二つ定めている。

二三六．バークレーが『君主権力の絶対性を疑問視する者に反駁する』の第三巻第十六章で述べているのは次のようなことである。

二三七．バークレーは言う。

そうすると、国民が正当な権利にもとづき、自分たち自身の権限によって、みずからを助け、武器を取り、国民を高圧的に支配している国王を攻撃する——そういうことが許されるようなケースは発生し得ないのか。国王が国王でいる限り、それはあり得ない。聖書に次のような言葉がある。「王をうやまえ」（「ペテロへの第一の手紙」第二章第十七節）。「権威に楯突くことは、神の定めにさからうことに等しい」（「ローマの信徒への手紙」第十三章第二節）。これは、国民の叛逆を許さないという神託である。したがって、国民が国王を制する権利を得ることはあり得ない。

ただし、国王が退位せざるを得ないようなことをすれば話は別である。というのも、その場合は次のようになるからである。国王は王冠と威信を放棄し一市民に戻る。国民は自由になり、優位に立つ。そして、空位時代すなわち国王の戴冠以前の時期に持っていた権力をふたたび手にする。しかし、事態をここまで悪化させるほどの失政はまれである。あらゆる面からつぶさに検討すると分かることだが、パターンは二つしかない。つまり、国王が事実上国王でなくなり、国民を支配する権力と国王としての威信をすべて失うケースは二つだけである。これについては、ウィンゼルス［十六世紀スコットランドの政論家ウィニエット？］も注目している。

第一のケースは、国王が統治をくつがえそうと試みる場合。すなわち、王国と国民を破滅に追い込むという目的と構想を温める場合である。

たとえば、ローマ帝国の暴君ネロ（紀元五四〜六八年在位）に関する記録がある。それによると、ネロは心に決めていたことがあるという。それは、ローマの元老院議員や市民の首を刎《は》ねること、火と剣によってローマ市を荒廃に陥れることと、そして、どこかよその土地に移ることなどであった。

また、カリグラ帝（紀元三七〜四一年在位）については、人民や元老院を率いるのをやめる意向であるとか、両階級の声望家たちの首を刎ねたら、その後でアレクサンドリアに引退するつもりだなどと公言して憚《はばか》らなかったと記録されている。また、人民全体で首が一つだけなら、一撃で全員を始末できるのになどと、とんでもないことを願ったとも伝えられている。

このような企図を胸中に温め本気で推進するなら、国王はその瞬間に、国家の面倒を見ることも、国家のために配慮することも、一切放棄したことになる。その結果として国王は、奴隷を見捨てた主人がその奴隷に対する支配権を剝奪されるのと同じように、臣民を支配する権力を剝奪される。

二三八．バークレーはこうも述べている。

もう一つのケースは、国王自身が他国の君主に服従し、父祖の代から引き継ぎ、国民から制約なしに委任された王国を他国の君主の支配下に引き渡す場合である。なぜこの場合も国王は国王の身分を失うのか。確かに、国民に損害を与えることは国王の本意ではなかったかもしれない。だが、そのようなことをすれば、神のすぐ下に位置し自分の王国においては最高の存在であるという王者の立場を、大部分失ったことになる。また、民を背信と強制によって外国の権力と支配にゆだねたことになる。その際、国民の自由を注意深く保全するという責務を放棄したことになる。

このように、いわば自分の王国を譲渡すれば国王自身も、従来その領土において持っていた権力を失うのである。その際、本来国王から権利をさずけられるはずだった人々には、いささかの権利も引き渡されない。したがって、このような行動をとれば国王は、国民を解放し、国民の自律を許したことになるのである。この実例は『スコットランド年代記』に見いだせる。

二三九．絶対君主制を大いに擁護するバークレーも、以上の二つの場合、国王に対する抵抗が許されること、また、国王がその身分を失うことを不承不承認めている。要するに、これ以上あれこれ実例を挙げるまでもないが、権威のない状態に置かれれば、国王はもはや国王ではいられず、抵抗を受けてもやむを得ないということである。というのも権威が断ち切られれば、国王もまた国王ではなくなり、何の権威もない一般人と同列に置かれるからである。

さらに言うと、バークレーが示している二つのケースは、統治を破壊するものとして私が上述したケースとほとんど違わない。唯一の違いは、バークレーが自説の根拠となる原理に言及していないという点である。その原理によれば、国王が国民の同意にもとづいた統治形態を保全せず、公益の増進と所有権の保全という統治そのものの目的を目指さないのであれば、信託を裏切ったことになるのである。みずから玉座を捨て、国民との間で戦争状態に身を投ずる国王は、もはや国王とは言えない。そのような国王を、戦争に身を投じた他の人間と同様に罪に問うたとして、何の差し障《さわ》りがあろうか。バークレーやその同調者には、その答えを教えてほしい。

バークレーの発言のうち、もっと注目していただきたいのは、「国民は、自分たちに対して仕組まれる奸計《かんけい》を未然に防ぐことを許される」という一節である。このように述べることによってバークレーは、専制がまだ計画にすぎない段階でも抵抗することを認めているのである。バークレーいわく、「このような企図を胸中に温め本気で推進するなら、国王はその瞬間に、国家の面倒を見ることも、国家のために配慮することも、一切放棄したことになる」。したがってバークレーによれば、公益をないがしろにすることは、そのような企図の証拠と解釈されるか、あるいは少なくとも、抵抗するための十分な根拠と見なされる。その上でバークレーは、すべてのことを正当化する理由について、国王が「民の自由を保全してやる立場を忘れ、逆に民を背信と強制によって外国の権力と支配にゆだねたからだ」と説明している。

もっとも、「外国の権力と支配にゆだねた」という部分は蛇足である。というのも、国王が責任を問われ権力を剥奪されるのは、「国王が保全するはずの自由」が失われたからであって、国民を支配していた者が交替したからではない。奴隷になった国民は、奴隷の主人が同国人であるか外国人であるかとは無関係に、一様に権利を侵害され、自由を失う。まさにこれが、権利の侵害の本質である。また、国民が自衛権によって防ごうとしているのは、このような事態にほかならない。国民が憤《いきどお》るのは、別の国の人間が為政者になるからではない。統治が変質するからである。そのことを示す実例は、あらゆる国において見受けられる。

国教会の主教で、君主の権力および大権を執拗に擁護しているビルソン（一五四七〜一六一六年）という人物がいる。ビルソンは、私の思い違いでなければ、『キリスト教徒の服従』という論文の中で、君主はその権力を剥奪されることもあるし、臣民に服従を求める資格を剥奪されることもあると認めている。これほど道理に合った言い分に、さらに箔《はく》をつける必要があるというのであれば、読者諸賢には法学者のブラクトン（一二六八年没）、同じく法学者のフォーテスキュー（一三八五〜一四七九年）、さらには『鏡』の著者［十四世紀の著述家アンドリュー・ホーン？］を紹介したいところである。これらの論客がわが国の統治に疎《うと》いとか、あるいは敵意を持っているとか考える余地は寸分もない。

しかし私は、フッカーに依拠して政治機構としての教会を論じている人々を説得するのであれば、フッカーひとりを引用するだけで十分だと考えた。なにしろ彼らは、フッカーがそのような教会論を構築するにあたって頼った原理を、運命に翻弄《ほんろう》されて否定しているにすぎないのだから。彼らは、狡猾《こうかつ》さの点で優る口舌《こうぜつ》の徒の手先にされ、自分たちの組み立てた体系を打ち砕く手伝いをしているのではないか。彼らはそれを直視すべきである。

私の確信するところでは、彼らの統治論はあまりにも斬新かつ危険で、支配者と国民の双方にとって有害であり、かつてはそれを提起することすら許されなかったほどである。それだけに次代の人々には、イスラエルの人々を苦しめた彼《か》のエジプトの人足頭［「出エジプト記」の登場人物］によって負わされた重荷から自由になってもらいたい。そして、絶対君主制におもねる口舌の徒のことを思い出しただけでぞっとするという感覚をそなえてもらいたい。連中は、絶対君主制が当座の間に合わせになると見ているときには、統治を全面的に絶対的な暴政に変え、すべての人々を世襲奴隷の身分に陥《おとしい》れかねないほどであった。ところが、奴隷の境遇がふさわしいのは、心根の卑しい当人たちだったのである。

二四〇 ここで恐らく、次のような、よくある疑問が投げかけられるであろう。「君主または立法部が信託を裏切ったか否かについては、だれが判断を下すのか」。確かに、君主が正当な大権を行使しているだけなのに、悪意に満ちた煽動家が国民の間に、こうした裏切りがおこなわれていると触れ回るという事態はあり得る。これに対してはこう答えよう。判断を下すのは国民である、と。このことは、一般論に置き換えれば説明がつく。信託を受けた者（受託者）やその代理人が適切に行動しているか、また、寄せられた信託に沿って行動しているか――これについて判断できる者は、受託者を指名した当人を措《お》いているだろうか。受託者を指名した者は、信託にこたえられなかった者を解任する権力を、指名したという事実ゆえにそのまま保っているはずである。この論理が一般人の個々のケースにおいて理にかなっているとすれば、最重要のレベルにおいても理にかなっていないはずがない。なにしろそのレベルになると、数百万人単位の人々の福祉が関わってくるのだから。また、危害が発生すると、それは大規模なものとなる。復旧は甚《はなは》だむずかしいし、費用もかさむ。危険でもある。

二四一．しかし、もっと言うなら、もとよりこの問題（だれが裁きを下すのか）は、裁く者がいないということを意味するはずがないのである。なぜなら、人間相互の争いを裁定する裁判官が地上にいないときには、天上の神が裁定者となるからである。神は、事が正義にかなっているか否かを見抜く。それは確かである。しかし各人は、ほかのあらゆるケースと同じようにこの場合も自分自身で判断を下す。何を判断するのか。それは、他人がこちらとの間で戦争状態に突入したかどうか。また、エフタがしたように至高の審判者である神に訴え出るべきか否か、である。

二四二．君主と人民の一部との間で争議が起こったとしよう。しかもその争点について、法律が定めを欠いているか、あるいは曖昧《あいまい》であり、しかも事は重大であるとしよう。そのような案件における最適の審判者は国民全体であるはずだ。私はそう思う。それは次のような次第だからである。君主には信託が寄せられていて、しかも法の普遍的、一般的な定めが適用されない。そのような状況において、だれかが不当な扱いを受けていることに気づくとしよう。そして、君主が信託を裏切って、あるいは信託の範囲を超えて行動している、と考えるとしよう。そうした場合、国民が当初、信託をどこまで認めるつもりでいたのか判断することが必要になる。それをするのに最もふさわしいのは、最初に君主に信託を与えた国民全体である。

しかし、君主または法の運用にたずさわる者がそのような裁定方法を拒むなら、その場合は天に訴え出るしかない。地上において自分より格上の、公知の存在を戴いていない人々が、相互間で暴力沙汰を起こしたとしよう。あるいは、暴力沙汰になっても地上には訴え出る場がないとしよう。それはまがう方なき戦争状態である。そのような状況に置かれたら被害者側は、訴え出る時期が最適になるようにみずから判断し、それを敢行しなければならない。

二四三．結論を述べよう。個々人が社会を結成する際そこに与えた権力は、社会が存続する限り、二度とふたたび各人の手には戻ることはなく、社会という共同体にとどまる。なぜならば、そうした状態が保たれないと、共同体とか国家とかいったものは存続できないし、社会が発足したときの合意に反するからである。

同様に、社会が合議体に立法権を据《す》えた場合も、統治が続く限り立法権は決して国民の手には戻らない。ちなみに、社会はその際、合議体を構成する人々とそれを引き継ぐ人々に立法権を持たせ続けることを前提としており、それらの後継者が身につけるべき指導力と権威も提供する。立法権が戻ってこないのはなぜか。立法部に永続的な権力を与えた以上、国民は政治権力を放棄して立法部に譲渡したことになり、それを取り戻すことは許されないからである。

しかし、国民が立法部の任期を定め、個人または合議体にゆだねたこの最高権力を一時的なものにしておくことがある。あるいは、権限を握っている人々が失政を犯して最高権力を剝奪《はくだつ》されることもある。このように、支配者が権力を剝奪されるか、あるいは、あらかじめ決めてあった任期が満了すると、最高権力はふたたび社会の手に戻る。そして国民は、至高の存在として行動する権利を得る。その際、立法権をみずからの手中に保ったままにしても差し支えない。あるいは、新たな形態の立法部を興してもかまわない。あるいは、旧来の形態のまま最高権力を新たな人々の手にゆだねるというやり方もある。いずれか妥当だと思う選択肢を選べばよいのである。

（完）

解説

角田安正

ジョン・ロック（一六三二〜一七〇四年）が社会契約説を唱えたイングランドの哲学者、思想家であることぐらいはだれでも知っている。基本的な説明は省いてもさしつかえあるまい。最初はそう思ったが、なにしろ昨今のゆとり教育の「負の遺産」には恐るべきものがある。当節の大学生はひょっとすると、ジョン・ロックの名前すら知らないのではないか。そのような疑念が湧いてきたので、中学校公民の教科書をすべて取り寄せ、相互にくらべてみた。案の定、ロックについてまったく言及のない教科書もある。ロックの名前に言及している教科書でも、その思想については説明が物足りなかったり偏《かたよ》ったりしている。満足のいく教科書は少ない。

しかし中には、ロックの主著（つまり本書）の思想を的確に要約している教科書もあった。ロックの思想がどのように紹介されているか、引用してみよう。

「ロックは、人は生まれながらにして生命・自由・財産を守る権利をもっていると考えた。この三つの権利を人権と考え、これらの人権は、どんな権力によっても制限されない、と主張した。さらにロックは、そもそも国家はこうした権利を守るために人民がつくったものだと主張し、国家は君主のものだという考えを批判した」(『わたしたちの中学社会　公民的分野』日本書籍新社、九十三ページ)。

この説明は、言葉数こそ少ないが行き届いている。後半部分で民主主義の祖としてのロックの役割を明らかにしているのは当然としても、前半部分でロックの自由主義思想を抜かりなく説明しているのには感心する。わが国では、ロックは近代民主主義の基礎を築いた思想家として論じられることが多い。しかしロックは、同時に自由主義の創始者としても位置づけられる。そのような一面を確実にとらえている点で、この教科書はよくできている。

自由主義は、民主主義のあり方を規定する重要な要因である。したがって、自由主義を考察することは、民主制を研究するにあたって欠かすことのできない作業である。しかも今日では、肥大化する国家(ないし政府)に対する批判という文脈において自由主義の再評価が求められている。そのような文脈で論じられる自由主義は今日、社会民主主義に近づいたリベラリズムと区別するために、リバタリアニズムとも称される。ロバート・ノージック（一九三八〜二〇〇二年）を始めとするリバタリアンの理論は、ロックに代表される古典的自由主義を発展させる形で構築されている。このことからも明らかだが、ロックの自由主義思想は今日色あせるどころか逆にますます重要になっているのである。

このようなロックの思想は、どのようにして生まれたのであろうか。まず、ロックがどのような時代を生きたのか、ふり返ってみよう。ロックの生涯は十七世紀のイングランド激動の時代にほぼ重なる。ロックがグラマー・スクールで学んでいた時期、ピューリタン革命が起こった。ピューリタン革命は、国王チャールズ一世（一六二五〜四九年在位）がスコットランドの叛乱を鎮圧するために戦費調達を余儀なくされ、安易に増税をくわだてたことに端を発する。チャールズ一世の専制政治にかねてから不満を募らせていた議会側勢力は、国王の増税政策に反発、王党派との間で内戦が勃発した（一六四二年）。議会派は、社会経済的には下層中産階級を、宗教的にはカルヴァン派（清教徒《ピューリタン》）を支持基盤としていた。ピューリタンが議会派を支持したのは、専制政治の精神的支柱である国教会と敵対関係にあったからである。ピューリタン左派の指導者クロムウェル（一五九九〜一六五八年）に率いられた議会派は一六四九年、王党派を制し、チャールズ一世を処刑、共和政を開始した。これをピューリタン革命と呼ぶ（この時ロックは十六歳）。しかし、共和政はやがてクロムウェルの独裁（一六五三〜五八年）につながった。

ロックがオックスフォード大学クライストチャーチ・カレッジに教師として奉職した一六六〇年には王政が復活したが、その後三十年近く政情は安定することがなかった。その間ロックは、大物政治家シャフツベリ卿と行動をともにすることによってイングランドの政治に関与した。イングランドが一六八八〜八九年の名誉革命によってようやく政治的安定を取り戻したとき、ロックは五十六歳、オランダに亡命中であった。

十七世紀イングランドの政治がこのように動揺を繰り返したのは、当時の絶対王政が、勃興してきた中産階級の挑戦に直面していたからである。絶対王政を復活ないし維持しようとする国王および王党派がそれに対抗し、両者間の抗争は長きに及んだ。それに終止符を打ったのが、ほかならぬ名誉革命であった。革命の過程で専制君主ジェームズ二世（一六八五〜八八年在位）が亡命、ジェームズの長女メアリーとその夫ウィレム（ウィリアム）が共同統治者としてオランダから招かれた。名誉革命はいわば十七世紀イングランド革命の総決算であった。これによって、権利の章典が制定されるなど立法権の優位にもとづく混合政体（立憲君主政体）が成立し、イングランドは政治的安定を確立した。この政治的な枠組みは十八世紀においても維持された。『市民政府論』（統治論第二篇）はその前篇と併せて、こうした名誉革命の正当性を理論的に証明するものとなっている。一六八九年に刊行された原著（*Two Treatises of Government*）の著者まえがきを読むと、ロックがまさにそのような目的でこの一書を執筆したことが分かる。近年、書誌学的な考証が進んだ結果、本文の基本的部分が一六八三年前後までにほぼ完成していたということが明らかになっている。しかし、そうだとしても、『市民政府論』が名誉革命後の統治形態に対して、理論的根拠を提供していることに変わりはない。当時はまだ王政復古の時代であっただけに、ロックの筆致がその分だけ尖鋭になったということはあるかもしれないが。当時、王党派は、絶対王政を擁護しようと躍起になっていた。すなわち、過去のものになりかかっていたロバート・フィルマー（一五八八～一六五三年）の『父権論《パトリアーカ》』を持ち出し、その王権神授説によりかかって絶対王政の正当化を図ろうとしていた。ロックは王党派との論争をきっかけとして、国家成立の仕組みを根本から問おうとした。それがほかでもない、『市民政府論』なのである。

ロックの立論は、市民(中産階級)の利益を擁護することを大前提としている。それは当時、イングランドにおいて新興中産階級が勃興してきたことと無関係ではない。ここではまず、ロック自身を例にとり、当時の新興中産階級の姿を概観しておこう。ロックは一六四七年、ロンドンの名門グラマー・スクールであるウェストミンスター・スクールに入学、その五年後にはオックスフォード大学クライストチャーチ・カレッジに進学、学士号(BA)のみならず修士号(MA)まで取得している。このような高度な教育を受けることができたのは、父親にそれなりの資産があったからにほかならない。弁護士であった父ジョンは、必ずしも蓄財を得意としていたわけではなく、むしろ、先代の遺した資産を目減りさせたようである。それでも父ジョンが亡くなったときにロックが相続した土地は、年間地代三十ポンド強になったという。この程度の年収があれば、なんとか中程度の生活は維持できたようである。

ロックの父親にそれなりの資産があったのは、ジョンの父ニコラス(すなわちロックの祖父)が織元(毛織物を商う問屋)として成功を収め、かなりの資産をたくわえていたからである。ロックの祖父に代表されるような商工業者は、独立自営農民(ヨーマンリ)とならんで十七世紀イングランドの典型的な新興中産階級を構成する。中産階級の主要勢力であったジェントリ（貴族と農民の中間に位置する地主階級）にこうした新興勢力が加わった結果、イングランドの中産階級はぐっと厚みを増した。

このように中産階級が拡大した結果、市民の財産をどのようにして保全するかという問題が、従来以上に重要性を帯びるようになった。そうした問題意識があったからこそ、ロックは、「人間にはみずからの所有物（生命・自由・財産）を保全する権利がある」という基本的認識を繰り返し力説しているのである。そのような市民（中産階級）の権利を説得力のある形で理論化することが、ロックの課題であった。ロックが用いたのは、「人民は自分の所有物を保全するために国家という共同体を結成した」という仮説（すなわち社会契約説）である。

ロックの見解によれば、自然状態に置かれているときも人間は、自己の生命および財産に対して絶対的な権力を持っている。しかし、だれもが同じ立場にあり、しかも大半の人々は公正と正義を厳格に遵守しているわけではない。そのような状態にある所有権は、ひどく危《あや》ういし、心許《こころもと》ない。だからこそ人間は、自由があるとはいえ不安と絶え間ない危険に満ちている現状に、終止符を打とうと積極的になる――。ロックは、人間が国家という共同体を求める理由をそのように説明している（第一二三節）。

したがって国家は、ロックによれば、「不安と絶え間ない危険に満ちている現状」を解消するために、以下の仕組みをそなえる必要がある。すなわち、(一)確立、定着した公認の法。そのような法があれば、それは正邪の基準として、また、相互に起こる争いごとを裁定するための共通の尺度となる。(二)公認の、公平な裁判官。(三)正しい判決を支持、支援し、それをしかるべく執行する権力(第一二四〜一二六節)。

法(およびそれに付属する法的装置)の役割をそのように解釈するロックが、法と自由の関係を次のように説くのは当然と言えば当然であろう。「法の目的は、(中略)自由を保ち広げることにあるのだ。(中略)なにしろ自由とは、他人から制約や暴力を受けない状態であり、それは、法を欠くと成立しないのだから」(第五七節)。ロックは自由を——丸山眞男の表現を借りるなら——「人間が自己に規範を課する主体的自由」と捉《とら》えていた。

人間の自由を奪うのは、個々の他人とは限らない。人民の信託によって成立した国家も、恣意《しい》的な権力行使によって人間の自由を奪う側に回る可能性がある。ロックの見解によれば法は、そのような国家権力を制御する役割も担《にな》っている。ロックはこの点について、次のように述べている。国家権力は「恣意的に、また随意に扱ってよいものではない。（むしろ）確立された公認の法律にもとづいて行使しなければならない。そのようにしておけば、人民はみずからの義務をわきまえるし、また、法の範囲内で安全と安心を確保することができる。支配者は支配者で、しかるべき限度を踏み越えられなくなり、手中に収めた権力に誘惑されてそれを行使する際に目的や手段を誤るということもなくなる」（第一三七節）。ロックは法と支配者の関係を以上のように規定していた。

この点でロックは、ホッブズ（一五八八〜一六七九年）と一線を画している。ホッブズは社会契約説の信奉者という点でロックの先輩格にあたる。しかし、ホッブズが社会契約説にもとづいて唱えたのは、国家主権の絶対性であった。そこには、ホッブズ独自の世界観が投影されている。ホッブズは自然状態を、「万人の万人に対する闘争」と見なし、そのような無秩序を克服するためには、相応の権力と権威を構築する必要があると考えた。一方、ロックにとっての自然状態は、所有権を保障する仕組みを欠いているとはいえ、自然法に支配された自由と平等の状態であった。ロックは国家権力にすべてを託すことなく、むしろ国家権力の恣意的な発動を警戒した。

国家権力の恣意的な行使が法によって制御されている状態は、「法の支配」と呼び換えることができる。「法の支配」は、名誉革命以降のイングランドの政治を規定する基本的原理となった。フランスの啓蒙思想家ヴォルテール（一六九四～一七七八年）は、一七二六年にイングランドにやって来たとき、人々が権力者の恣意ではなく法によって支配されていることを知り、いたく感銘を受けた。ロックの思想は、そのヴォルテールによってフランスの啓蒙思想に取り込まれ、次いで、モンテスキュー（一六八九～一七五五年）を経由してアメリカの独立宣言（一七七六年）および憲法の基本的理念の基盤となった。こうしてアメリカに入ったロックの思想は、その後フランスに逆輸入され、フランス革命を支える理念となった。フランス革命の人権宣言（一七八九年）がロックの思想を反映していることは、周知の事実である。

日本についてはどうか。ロックの思想は一八七〇年（明治三年）、福澤諭吉（一八三四～一九〇一年）の著書を通じてわが国に入ってきた。福澤は『西洋事情』（二編　巻之一）の、人間の通義（すなわち人権）の項を執筆するにあたって、ウィリアム・ブラックストーン（一七二三～八〇年）の著書『イギリス法釈義』を参照した。同書はロックの市民社会論に直接依拠していたので、福澤は結果としてロックの思想をわが国に紹介することになったのである。

しかしその後、わが国においてロックの思想が積極的に受容されたかというと、とてもそうは言えない。戦前、ロックに関する研究書は単行本が一冊、雑誌論文もわずか十一編が公になっただけだという。翻訳も、『人間知性論』の抄訳があったにすぎない。自由主義研究の泰斗・河合栄治郎の『自由主義の歴史と理論』(一九三四年および三六年の講義録)をひもといても、ロックに関する言及はあまり多くない。そっけないと評しても差し支《つか》えなさそうだ。戦後、アメリカン・デモクラシーの導入にともなって、ロックに対する関心が一転して高まったのとは好対照である。わが国のこのようなロック受容の実情は、それ自体、考察に値しよう。

ついでに付け加えると、戦後わが国のロック研究は多方面において進められているが、それぞれの専門分野における研究者の成果は、必ずしも一般の読書人に還元されていないように感じられる。それだけに、アメリカ発のリバタリアニズムがロックの再発見ないし再評価に果たした役割は重要である。リバタリアニズムとは、新たな理論武装によってよみがえった古典的自由主義のことである。先に述べたように、リバタリアニズムという思想には、肥大化する国家ないし政府に対する批判という時事論争的な側面がある。国家（政府）の肥大化という問題が深刻化するに従って、リバタリアニズムの源流として位置づけられる古典的自由主義思想が、改めて一般の注目を集めるようになった。わが国において画期をなしたのは、嶋津格《いたる》によるロバート・ノージック著『アナーキー・国家・ユートピア』の翻訳（上下巻そろったのは一九八九年）である。これによって、ノージックの主著がだれにでも読めるようになった。同書はロックの『市民政府論』を下敷きにしている。いきおい、リバタリアニズムに関心を寄せる読書人にとって、『市民政府論』も改めて読まれるべき一書となった。もちろん古典的名著の常として、その他のさまざまな読み方も可能であることは言うまでもないが。

この二つの書物の関係について、一言補足しておこう。ノージックの著書は、ロックの社会契約説を綿密に再検討、再構築する形になっている。たとえば、ノージックは国家成立のメカニズムを説明する際、ロックと違って、自然状態から直接国家が成立すると見るのではなく、その中間段階に民間の保護協会を想定している。こうした説明により社会契約説は精緻化された。ロックの唱える社会契約説には、仮構とか神話とか批判されてもやむを得ない強引な要素がある。ロック自身、社会契約説に対して次のような反論があり得ることを認めている。「歴史上、相互に独立していて平等な人々が一堂に会し、統治という制度を創始したことはあるのだろうか。そのような実例は聞いたことがない」（第一〇〇節）。ロックはこうした反論に対して論駁《ろんばく》を試みるのだが、それは苦しいこじつけに終わっている。それだけにノージックの功績は大きい。数学にたとえるなら、フェルマーの最終定理（正確に言うなら「予想」）がアンドリュー・ワイルズによる証明を得て初めて本物の定理になったのと同じように、ロックの社会契約説もノージックの精緻な理論をほどこされて初めて本格的な学説となったと言えるのではないか。

リバタリアニズムの関心は国家（ないし政府）の肥大化にとどまるわけではない。民主主義と自由主義の相互関係も重要な論点である。それを手がかりにすれば、冷戦終結後、一連の社会主義国が進めた体制転換の意味も、読み解くことが容易になるのではないだろうか。それら諸国では制度的、形式的には民主化がおこなわれながら、実態としての政治は権威主義の方向に向かって退行していった。たとえば、一九九三年にれっきとした民主主義的憲法を採択したロシアでは、プーチン大統領（二〇〇〇～〇八年在職）が、オリガルヒ（寡頭資本家）と呼ばれる民間の大富豪に対する政治的弾圧を繰り返した。恐るべきは、それを国民が支持したという事実である。これは、民主主義のもとでも人権侵害がおこなわれ得るということを実証している。

なぜこのようなことが起こるのか。リバタリアン系の法哲学者・森村進によれば、次のように説明できる。「民主制の主権者は全体としての国民であって、基本権の持ち主である個々の国民ではないから、基本権が民主的決定によって侵害される可能性は否定できない」。これはロックの危惧と軌を一にする。ロックは、上述したように、国民の信託を受けて成立した国家（政府）であっても、恣意的な権力行使によって人間の自由を奪う危険があることを指摘している。そのような事態を防ぐ条件としてロックは、恒常的な法（およびそれに付随する法的な仕組み）がそなわっていることを重視した。しかし、それだけでは不十分である。法が正常に機能する前提として、支配者と国民の双方が進んで法に服従すること、言い換えるなら、法を尊重する精神が定着していることも必要不可欠である。これらの点は、現代の民主主義を考察する際にも軽視することのできない重要なファクターである。このような論点を提起しているということからしても、本書は、今日なお読まれるべき名著としての地位を保っていると言えよう。

ロック略年譜

一六三二年
八月二九日、イングランド西南部サマセット州リントン村で、父ジョン、母アグネスの長男として生まれる。同州ペンスフォード村で幼年期を過ごす。

一六四〇年　八歳
チャールズ一世、スコットランドの叛乱を抑える必要に迫られ、戦費調達のため短期議会(四～五月)を、次いで一一月、長期議会(～一六五三年)を招集。

一六四二年　一〇歳
八月、チャールズ一世、長期議会を相手に宣戦。内戦始まる(～一六四七年)。

一六四七年　一五歳
秋、名門グラマー・スクールの一つ、ロンドンのウェストミンスター・スクールに進む。

一六四八年　一六歳
三月、ふたたび内乱勃発。

一六四九年　一七歳
国費奨学生の試験に合格。
一月、オリバー・クロムウェル、チャールズ一世を処刑。五月、共和制開始（ピューリタン革命）。

一六五一年　一九歳
一〇月、航海法が制定され、オランダ商船のイギリス入港が禁止へ。ホッブズ、『リヴァイアサン』を出版。

一六五二年　二〇歳
五月、第一次英蘭戦争勃発（～一六五四年）。一一月、オックスフォード大学クライストチャーチ・カレッジに進む。正規の課程で修辞学、論理学、倫理学、幾何学、ギリシア語を学ぶ。物理学や化学の実験科学や医学にも関心を寄せる。

一六五三年　二一歳
一二月、クロムウェル、終身の護国卿となり、軍事的独裁政治をおこなう。

一六五四年　二二歳
一〇月、母アグネス死去。

一六五六年　二四歳
二月、学士（BA）となる。

一六五八年　二六歳
六月、修士（MA）となる。九月、クロムウェル死去。

一六六〇年　二八歳
五月、フランスに亡命中のチャールズ二世がロンドン入り、王政復古。一二月、英語で『世俗権力論』を執筆。同月、クライストチャーチ・カレッジでギリシア語講師の職に就く。この年までにロバート・ボイルの知遇を得る。

一六六一年　二九歳
二月、父ジョン死去。この年（あるい

は翌六二年)、ラテン語版『世俗権力論』を執筆。五月、騎士議会招集される(〜一六七九年一月)。

一六六二年　三〇歳
一二月、クライストチャーチ・カレッジで修辞学の講師になる。

一六六三年　三一歳
一月、弟トマスを亡くし、天涯孤独の身に。

一六六五年　三三歳
二月、第二次英蘭戦争(〜一六六七年)。一一月、ブランデンブルク選帝侯への外交使節団に加わる。

一六六六年　三四歳
二月、帰国。春、オックスフォードに戻り、医学と実験哲学の研究を続ける。

七月、かつてクロムウェル政権の重鎮でありながら王政復古に功のあったアシュリー卿(のちのシャフツベリ)の知遇を得る。九月、ロンドン大火。一一月、国王の特命により、聖職位のないまま研究員の地位を与えられ、クライストチャーチ・カレッジにとどまる。

一六六七年　三五歳
アシュリー卿の侍医となる。秋、名医シデナムと知り合う。『宗教的寛容に関する論考(寛容論)』を執筆。

一六六八年　三六歳
アシュリー卿の肝臓の手術にたずさわる。

一六七一年　三九歳
夏に『人間知性論』の草稿Aを、年末

までに草稿Bを執筆。

一六七二年　四〇歳

三月、信教自由令。第三次英蘭戦争（〜一六七四年）。秋、パリ旅行。帰国後、大法官に就任したシャフツベリ（アシュリー卿）によって聖職者任免局の主事に任命される。年俸三〇〇ポンド。

一六七三年　四一歳

三月、官吏と議員を国教徒に限定する審査法が制定される。一〇月、年俸八〇〇ポンドで通商植民委員会の主事に（〜一六七五年三月）。

一六七五年　四三歳

二月、医学士の学位を取得、開業許可を得る。三月、通商植民委員会の廃止にともない公職を失う。一一月、療養を理由として長期フランス旅行へ（〜一六七九年四月）。主として、南仏モンペリエに滞在。

一六七七年　四五歳

シャフツベリ、反王政活動のかどで逮捕される。

一六七九年　四七歳

四月、帰国。『統治論第二篇』（市民政府論）の執筆に着手。五月、枢密院議長に就任したシャフツベリの尽力により、国民の不当逮捕を禁止する人身保護法が制定される。五月、ヨーク公排斥法案が庶民院を通過。七月、チャールズ二世、議会解散で対抗。一二月、ホッブズ没。

一六八〇年　四八歳
ロバート・フィルマーの『父権論《パトリアーカ》』に反論すべく、『統治論第一篇』の執筆を開始。

一六八一年　四九歳
ダマリス・カドワース（のちのマシャム夫人）と知り合う。七月、シャフツベリ、大逆罪で告発される。

一六八二年　五〇歳
一一月、シャフツベリ、オランダに亡命（翌年一月アムステルダムで客死）。

一六八三年　五一歳
九月、オランダへ亡命、アムステルダムに住む（～一六八九年二月）。

一六八四年　五二歳
反国王活動のかどで、クライストチャーチ・カレッジ研究員の地位を剥奪される。

一六八五年　五三歳
『人間知性論』の草稿Cの執筆が進む。二月、チャールズ二世死去。排斥法の標的だったヨーク公（チャールズの弟）が、ジェームズ二世として即位。六月、モンマス公蜂起するも鎮圧される。

一六八七年　五五歳
ジェームズ二世、親カトリック政策を推進。ニュートン、『プリンキピア』を刊行。

一六八八年　五六歳
一一月、オランダ総督オラニエ公ウィレム（ジェームズ二世の女婿）、招請状を受け入れ、イングランドに入る。一二月、ジェームズ二世、亡命。

一六八九年　五七歳

二月一二日、ウィレムの妃メアリーの一行とともに帰国（二月一三日、ウィレムはウィリアム三世としてメアリーとともに共同で即位。即位の際に読み上げられた「権利の宣言」は、「権利の章典」として法制化され、名誉革命成る）。「権利の章典」の起草に加わる。訴願局長のポスト（閑職）に就く。三月、『寛容についての書簡』を刊行。一〇月に *Two Treatises of Government*（『統治論』）を、一二月に『人間知性論』をそれぞれ出版（いずれも匿名で）。

一六九〇年　五八歳

『寛容についての第二書簡』を著す。

一六九一年　五九歳

ロンドン近郊オーツのマシャム邸に居を移す。『統治論第二篇』のフランス語訳が出版される。

一六九二年　六〇歳

『利子の引き下げと貨幣価値引き上げの結果に関する若干の考察』を出版。

一六九三年　六一歳

七月、『教育に関する若干の考察（教育論）』を出版。

一六九四年　六二歳

『統治論』第二版を出版。五月に創設されたイングランド銀行に出資。庶民院議員のクラークらとともに政治グループ「カレッジ」を形成。

一六九五年　六三歳

「カレッジ」を通じ、出版検閲法の廃止に力を尽くす。『聖書に示されたキリスト教の合理性』を出版。

一六九六年　六四歳
五月、通商植民局の設立（二月）にともない、同局委員となる。年俸一〇〇〇ポンド。

一六九八年　六六歳
『統治論』第三版を刊行。

一七〇〇年　六八歳
『人間知性論』第四版を刊行。五月、通商植民局委員の職を辞し、オーツのマシャム邸に引きこもる。

一七〇四年　七二歳
四月、遺言状を作成。一〇月二八日没す。

訳者あとがき

一 邦題について

ジョン・ロックの主著 *Two Treatises of Government* は、わが国の中学校公民の授業では『市民政府二論』として紹介されることが多い。『市民政府二論』の後半部分、すなわち第二篇（*An Essay concerning the True Original, Extent, and End of Civil Government*）を訳出したのが本書である。

邦題は、『市民政府論（統治論第二篇）』とした。最近まで一般の読者に親しまれてきた鵜飼信成《うかいのぶしげ》訳（岩波文庫版、絶版）の邦題『市民政府論』を生かし、直訳調の訳語を括弧の中で補った。

もしかすると専門家の中には、『市民政府論』という邦題に否定的な反応を示される方がいるかもしれない。実際、これまで出版された既訳は、鵜飼訳を別とすれば、大半は『統治論』という邦題を採っている（ちなみに、二〇一〇年に岩波文庫に収められた加藤節《たかし》訳は、第一篇と第二篇の両方を訳出しているところから、『統治二論』となっている)。にもかかわらず、本書の邦題として『市民政府論』を優先したのはなぜか。副題が「市民政府の真の起源・範囲・目的に関する論考」となっていることを重視したからである。ロックが第二篇において論じているのは、人民が同意することによって成立した統治、すなわち、実定法によって市民の生命・自由・財産を守ることを目的とする統治の仕組みである。その点に着目するなら、『市民政府論』という邦題は悪くないと思う。

これに対しては、次のような批判があるかもしれない。そもそも civil government を「市民政府」と訳すのは誤訳である。第一に、civil という単語は「政治の」とか「国政の」という意味であって、「市民の」という意味ではない。第二に、government は「統治」であって、「政府」という意味ではない——。

しかし、これについても反論できると思う。ロックは一つの単語を一つの意味に固定して使うような、杓子定規なことはしていないからである。まず civil について言うと、この単語は「市民(中心)の」という意味で使われていることが決して少なくない。たとえば第九〇節に、このような一節がある。「絶対君主制は一部の人々から地上の唯一の統治形態だと見られているが、実のところ市民社会と両立しないし、市民中心の統治形態には到底なり得ない」。この一節の中に出てくる「市民中心の」という言葉の原語は civil である。そこに「政治の」という訳語を当てはめたらどうなるであろうか。果たして、ロックの述べたかったことが日本語として再現されていると言えるだろうか。同じことは government についてもあてはまる。ロックは government を「統治」という意味だけではなく、「統治の仕組み」や「統治機構」という意味でも使っている。統治の仕組みとは、広義の政府のことにほかならない。以上のことに照らすなら civil government を「市民政府」と訳しても、何ら問題はないと思う。

二 第一篇には、何が述べられているのか

本書に収めていない第一篇で何が述べられているのか、ごく簡単に触れておこう。第一篇は、ロバート・フィルマー卿（一五八八～一六五三年）がその著書『父権論《パトリアーカ》』（著者死後の一六八〇年刊！）で展開した王権神授説を論破することを目的として執筆された。『父権論』に展開されているフィルマーの立論を大ざっぱに要約すると、次

のようになる。旧約聖書「創世記」に登場する人類の家長(アダム)は、同時に君主でもあった。後代のいずれの国王も、アダムの後裔《こうえい》であるからこそ、その地位に就いているのである。したがって国王の権力は、父権(子に対する父親の権力)と同じものと見なすことができる。

このような王権神授説は、現代人にとっては神話のように感じられるが、当時の絶対王政にとっては重要な理論的支柱であった。ロックは第一篇の全紙幅を用いて、フィルマーの王権神授説を論破しなければならなかった。

ちなみに、第二次世界大戦中に『西洋哲学史』を執筆した哲学者バートランド・ラッセルは、フィルマーの理論とほぼ同じような言説がいまだに――つまり、一九四〇年代になっても――幅をきかせている唯一の国として日本を挙げている。「フィルマーの理論と同様の言説」とは何か。戦前のいわゆる国体思想のことである。国体思想によれば、日本という国家は拡大した家族にほかならず、その頂点には父としての天皇が君臨しているという建前になっていた。そう言えば、戦前には「天皇の赤子《せきし》」という言い回しもあった。仮にそのような思想を論破する必要に迫られているのであれば、第一篇を読む意義はあるかもしれない。しかし、大半の読者にとって興味があるのは、現代の自由主義または民主主義、あるいはその両方の思想を創始した哲学者としてのロックであろう。だとすれば、訳出の対象を、自由主義および民主主義の一般的、普遍的原理が詳しく考察されている第二篇にとどめても差し支えあるまい。しかも、ロックのフィルマー批判の趣旨は、第一篇抜きでも十分に理解可能であるように思われる。ロックは、第二篇においても執拗にフィルマー批判を繰り返しているからである。

三．参考にした既訳

翻訳にあたっては、以下の既訳を参照した。（一）鵜飼信成訳『市民政府論』（岩波文庫、一九六八年）。（二）宮川透《みやかわとおる》訳『統治論』（中央公論『世界の名著』第二十七巻、一九六八年。『世界の名著』第三十二巻、中公バックス、一九八〇年。中公クラシックス、二〇〇七年）。（三）加藤節訳『統治二論』（岩波書店、二〇〇七年。岩波文庫、二〇一〇年）。最初に掲げた二作は、第二篇だけを訳出しているのに対して、三番目の加藤訳は第一篇と第二篇の両方を訳出している。

ジョン・ロックの英語はきわめて難解である。原文の解析にあたって、ここに挙げた先達の訳業によって大いに助けられた。

四. ロックの英語はどのような点で難しいのか

ジョン・ロックの英語の特徴について少し触れておきたい。ロックの英語は、解析と翻訳(日本語への転換)のいずれの点についても難物である。第一に、表記の問題がある。ロックの時代(十七世紀)の英語はまだスペリングが安定していない。したがって、現代英語とは異なる綴りの単語が混在する。たとえば、prominency が、preheminency と綴られるような具合である。また、普通名詞であるにもかかわらず冒頭が大文字だったりする。慣れればどうということはないが、それでも最初は面食らう。

第二に、文法の面でも十七世紀の英語は現代の英語といささか異なる。たとえば、現代英語では省略してはいけないはずの関係代名詞が、無造作に省略されることがある。また、慣用的表現の形が現代英語とは違っているケースもある。たとえば、第二三九節に were best という表現が出てくる。これは現代英語の had best の原型とも言うべきもので、直訳するなら「〜するのが最善である」となるはずの熟語である。

なまじ簡単な単語が組み合わせてあるだけなので、うっかりすると誤訳という落とし穴にはまりかねない。この種の文法上の問題については、勤務先の同僚で、イギリス文学を専攻している三原《みはら》穂《みのる》講師に何度か解説を仰いだ。また、最後まで構文の解析ができなかった箇所について、川田《かわた》潤《じゅん》福島大学准教授に貴重なご意見をたまわった。記して謝す。

ロックの英文が難解である第三の理由として、個々の文がいずれも恐ろしく長大だということが指摘できる。一個のセンテンスをいくつかに切り分けないと分明な日本語にならないこともある。ところが不用意に切り分けると、原文の、きわめて精緻に組み立てられている論理展開がうまく再現できなくなる。

第四に、単語に現代英語の語義を機械的に当てはめると失敗することが多い。たとえば、第一節（四）に出てくる races の意味は、文脈から判断して種族ではなく、血統であろう。そう見当をつけて辞書を引くと、race という単語が古くは血統という語義を持っていたことが確認できる。このような例にいくつか遭遇しているうちに、ひょっとして語義を取り違えていないかと、絶えず疑心暗鬼に襲われるようになる。あらゆる単語を辞書で確認したくなってくるので、翻訳の速度がガクンと落ちる。

五．最後に

このようなわけで、今回の翻訳はひどく難渋した。作業に着手したのが二〇〇九年の六月だったから、上梓までにおよそ二年の月日がかかった計算になる。江戸時代の話になるが、前野良沢が共訳者の杉田玄白とともに『解体新書』（講談社学術文庫版で実質二〇〇ページ余）を訳すのに費やした歳月が約三年半。良沢らの手元にあった辞書は、青木昆陽著『和蘭文字略考』（収録語彙わずか七〇〇語余）を別とすれば、蘭仏辞典だけだった。このような恐るべき条件のもとで翻訳に取り組んだ良沢らに対して、こちらには、パソコンにインストールした英英辞典*Shorter Oxford English Dictionary*（略してSOED）という強力な近代兵器まで整っていた。やはり、良沢の翻訳力には敵《かな》わないということになるのかもしれない。英日の翻訳に取り組むこと、足かけ十三年。少し大げさだが日暮れて道遠し、の感を禁じ得ない。

それだけに、編集者の貴重な助言が一層ありがたく感じられる。今回は中町俊伸氏にお世話になった。氏が校正刷りに書き込む㋙によって、ハッと誤訳に気づいたことが何度かあった。たとえば、第二二〇節に出てくるevilという単語。これは文脈から判断して、害悪とか悪弊とかいった意味ではなくて、病気（宮川訳）という意味である。そのいずれとも異なる訳し方（つまり誤訳）をやらかしていたところを、中町氏の⑦に救われた。確かに自分の訳文では変だ。そう思ってSOEDを引き直した結果、「正解」にたどり着くことができた。氏のご支援に、この場を借りてあらためて御礼申し上げる次第である。

この本の一部には、「インディアン」という今日の観点からみて差別的な呼称がありますが、作品の時代背景、古典としての歴史的・文学的な意味を尊重して使用しました。差別の助長を意図するものではないことをご理解いただきますよう、お願いいたします。

（編集部）

kobunsha classics
光文社古典新訳文庫

市民政府論《しみんせいふろん》

著者　ロック
訳者　角田《つのだ》 安正《やすまさ》

2011年 8 月20日　初版第 1 刷発行
2025年 4 月30日　　第 5 刷発行

発行者　三宅貴久
印刷　大日本印刷
製本　大日本印刷

発行所　株式会社光文社
〒112-8011東京都文京区音羽1-16-6
電話　03（5395）8162（編集部）
03（5395）8116（書籍販売部）
03（5395）8125（制作部）
www.kobunsha.com

ISBN978-4-334-75234-7 Printed in Japan

いま、息をしている言葉で、もういちど古典を

長い年月をかけて世界中で読み継がれてきたのが古典です。奥の深い味わいある作品ばかりがそろっており、この「古典の森」に分け入ることは人生のもっとも大きな喜びであることに異論のある人はいないはずです。しかしながら、こんなに豊饒で魅力に満ちた古典を、なぜわたしたちはこれほどまで疎んじてきたのでしょうか。

ひとつには古臭い教養主義からの逃走だったのかもしれません。真面目に文学や思想を論じることは、ある種の権威化であるという思いから、その呪縛から逃れるために、教養そのものを否定しすぎてしまったのではないでしょうか。

いま、時代は大きな転換期を迎えています。まれに見るスピードで歴史が動いていくのを多くの人々が実感していると思います。

こんな時わたしたちを支え、導いてくれるものが古典なのです。「いま、息をしている言葉で」——光文社の古典新訳文庫は、さまよえる現代人の心の奥底まで届くような言葉で、古典を現代に蘇らせることを意図して創刊されました。気取らず、自由に、心の赴くままに、気軽に手に取って楽しめる古典作品を、新訳という光のもとに読者に届けていくこと。それがこの文庫の使命だとわたしたちは考えています。

このシリーズについてのご意見、ご感想、ご要望をハガキ、手紙、メール等で翻訳編集部までお寄せください。今後の企画の参考にさせていただきます。
メール　info@kotensinyaku.jp

光文社古典新訳文庫　好評既刊

人間不平等起源論

ルソー／中山《なかやま》元《げん》●訳

人間はどのようにして自由と平等を失ったのか？　国民がほんとうの意味で自由で平等であるとはどういうことなのか？　格差社会に生きる現代人に贈るルソーの代表作。

社会契約論／ジュネーヴ草稿

ルソー／中山《なかやま》元《げん》●訳

「ぼくたちは、選挙のあいだだけ自由になり、そのあとは奴隷のような国民なのだろうか」。世界史を動かした歴史的著作の画期的新訳。本邦初訳の「ジュネーヴ草稿」を収録。

経済学・哲学草稿

マルクス／長谷川《はせがわ》宏《ひろし》●訳

経済学と哲学の交叉点に身を置き、社会の現実に鋭くせまろうとした青年マルクス。のちの『資本論』に結実する新しい思想を打ち立て、思想家マルクスの誕生となった記念碑的著作。

自由論

ミル／斉藤《さいとう》悦則《よしのり》●訳

個人の自由、言論の自由とは何か。本当の「自由」とは。二十一世紀の今こそ読まれるべき、もっともアクチュアルな書。徹底的にわかりやすい訳文の決定版。（解説・仲正昌樹）

永遠平和のために／啓蒙とは何か

他3編

カント／中山《なかやま》元《げん》●訳

「啓蒙とは何か」で説くのは、自分の頭で考えることの困難と重要性。「永遠平和のために」では、常備軍の廃止と国家の連合を説く。現実的な問題意識に貫かれた論文集。

人はなぜ戦争をするのか

エロスとタナトス

フロイト／中山《なかやま》元《げん》●訳

人間には戦争せざるをえない攻撃衝動があるのではないかというアインシュタインの問いに答えた表題の書簡と、「喪とメランコリー」、『精神分析入門・続』の二講義ほかを収録。

判断力批判（上・下）
カント／中山《なかやま》元《げん》◉訳

美と崇高さを判断し、世界を目的論的に理解する力。自然の認識と道徳哲学の二つの領域をつなぐ判断力を分析した、カント批判哲学の集大成。「三批判書」個人全訳、完結！

リヴァイアサン（全2巻）
ホッブズ／角田《つのだ》安正《やすまさ》◉訳

「万人の万人に対する闘争状態」とはいったい何なのか。この逆説をどう解消すれば平和が実現するのか。近代国家論の原点であり、西洋政治思想における最重要古典の代表的存在。

コモン・センス
トマス・ペイン／角田《つのだ》安正《やすまさ》◉訳

イギリスと植民地アメリカの関係が悪化するなか、王政、世襲制の非合理性を暴き、〝独立以外の道はなし〟と喝破した小冊子「コモン・センス」は、世論を独立へと決定づけた。

人間の権利
トマス・ペイン／角田《つのだ》安正《やすまさ》◉訳

共和政を理想とするペインは、王政批判を弱者の人権を守るための社会福祉政策へと結びつける。政治思想史においてだけでなく、生存権という観点からも重要な古典である。

フランス革命についての省察
エドマンド・バーク／二木《ふたき》麻里《まり》◉訳

進行中のフランス革命を痛烈に批判し、その後の恐怖政治とナポレオンの登場までも予見。英国の保守思想を体系化し、のちに「保守主義の源泉」と呼ばれるようになった歴史的名著。

政治学（上・下）
アリストテレス／三浦《みうら》洋《ひろし》◉訳

「人間は国家を形成する動物である」。この有名な定義で知られるアリストテレスの主著の一つ。後世に大きな影響を与えた、プラトン『国家』に並ぶ政治哲学の最重要古典。